LE RESEAU PEETERS

D1651823

302334190P

FAUX TITRE

Etudes
de langue et littérature françaises
publiées

sous la direction de Keith Busby,
M.J. Freeman, Sjef Houppermans,
Paul Pelckmans et Co Vet

No. 100

Amsterdam - Atlanta, GA 1995

LE RESEAU PEETERS

Jan Baetens

Ex dono Keith Robert Busby
olim sorii peregrini et olim
commensalis 1997.

961419

B. Peeters, le 28 août 2016, jour de son soixantième anniversaire.
©M.-F. Plissart

∞ Le papier sur lequel le présent ouvrage est imprimé remplit les prescriptions de "ISO 9706:1994, Information et documentation - Papier pour
documents - Prescriptions pour la permanence".

∞ The paper on which this book is printed meets the requirements of "ISO
9706:1994, Information and documentation - Paper for documents -
Requirements for permanence".

ISBN: 90-5183-780-1 (CIP)
©Editions Rodopi B.V., Amsterdam - Atlanta, GA 1995
Printed in The Netherlands

DU MEME AUTEUR

Aux frontières du récit (Fable de Robert Pinget comme nouveau nouveau roman),
Toronto/Louvain, éd. Paratexte/Presses universitaires de Louvain, 1987

Hergé écrivain,
Bruxelles, éd. Labor, 1989

Pour une lecture moderne de la bande dessinée (en collaboration avec Pascal Lefèvre),
Bruxelles, Centre belge de la bande dessinée, 1993

Les Mesures de l'excès (essai sur les Eglogues de Renaud Camus et al.),
Paris, Les Impressions nouvelles, 1993

Lieux de l'écrit (en collaboration avec Milan Chlumsky),
Paris, Les Impressions nouvelles, 1993

Du roman-photo,
Paris/Mannheim, Les Impressions nouvelles/Medusa Medias, 1994

L'Ethique de la contrainte (essai sur la poésie moderne),
Louvain/Paris, éd. Peeters, 1995

Mireille Ribière, Benoît Peeters et Marc Avelot ont bien voulu relire avec moi les épreuves de ce livre. Qu'ils en soient ici remerciés.

TABLE DES MATIERES

INTRODUCTION : BENOIT PEETERS, ECRIVAIN ?

Ce livre aurait pu partir d'un constat: la littérature, une fois de plus, est entrée en crise. Il aurait pu céder à un facile diagnostic: la littérature est menacée par l'explosion des médias audiovisuels. Il aurait pu enfin prophétiser: la littérature, cette fois-ci, ne survivrait que sous diverses formes où son rôle, comme fragment d'un ensemble multimédia, ne serait plus que secondaire.

Et la décision de consacrer une monographie au travail de Benoît Peeters aurait permis, peut-être, d'illustrer un tel propos. Peu d'écrivains sont en effet allés aussi loin dans leur refus de s'enfermer dans l'écriture au sens classique du terme. Le nom de Benoît Peeters surgit non seulement à l'intérieur d'un grand nombre de genres, mais souvent les projets qu'il signe ne restent pas confinés à un domaine unique. Son œuvre est aussi prodigue d'adaptations de toutes sortes qu'elle multiplie les expériences combinant deux ou plusieurs médias.

S'il en va un peu autrement, pour l'une et l'autre de ces hypothèses, c'est que loin de seulement exemplifier un parcours déterminé des lettres, la pratique de Benoît Peeters est si originale et particulière que les réponses qu'elle offre s'avèrent capables d'influencer le cours même de cette évolution.

Il suffit d'un peu d'attention pour se rendre compte que le travail de Benoît Peeters se distingue radicalement du modèle multimédia qui inspire tant d'écrivains contemporains. Loin d'élaborer et d'exploiter sous autant de formes que possible différents projets d'écriture, Benoît Peeters manifeste un souci permanent de la spécificité de chaque entreprise (distinct de tout autre, chaque projet d'écriture naît surtout au contact d'un défi, d'une forme et d'un programme particuliers que le travail a justement pour effet de mieux faire connaître).

La présente étude s'est donnée pour objectif de reconnaître, de définir et enfin d'évaluer cette position tout à fait singulière qu'occupe Benoît Peeters dans le paysage littéraire d'aujourd'hui. Elle le fera à travers l'examen de livres renommés et de pages presque clandestines, sans oublier bien sûr de s'interroger sur cette curieuse coexistence. Elle le fera à travers l'étude de bandes dessinées et de romans-photos, de scénarios et d'essais critiques, entre autres, sans non plus omettre de commenter les raisons d'un éventail aussi large. Elle le fera aussi en comparant le travail de Benoît Peeters à celui d'autres écrivains de sa génération, quitte à étonner le lecteur par des rapprochements parfois inattendus.

Les thèmes abordés sont déterminés, logiquement, par cette question centrale de spécificité. On ne se penchera donc guère sur la psychologie de tel héros des *Cités obscures* ou sur l'âme d'un des auteurs de cette série. On s'intéressera plutôt à l'idée que Benoît Peeters se fait de son œuvre, à la façon qu'il a de se montrer et de se dissimuler en même temps à l'intérieur de ses livres, ou encore à la manière dont il se corrige et se récrit lui-même.

Plus que Benoît Peeters, c'est donc une certaine image de l'écrivain qui sera au cœur de ces analyses.

Pour des raisons que cette étude tentera d'éclairer théoriquement, l'écriture de Benoît Peeters est -la plupart du temps- connue seulement de façon très fragmentaire (et très fragmentée). Afin de donner aux lecteurs de ces pages une vue moins partielle, il a été jugé utile de donner pour chacun des textes parus en volume une courte description du projet et de l'histoire racontée. Ces informations ont été intégrées à la bibliographie exhaustive que l'on trouvera à la fin de cet ouvrage. Concernant les très nombreuses publications de Benoît Peeters en revue, il s'est avéré possible d'ajouter à cet essai un choix de nouvelles et de textes courts qui donnent un bon aperçu de la palette stylistique et thématique de l'auteur. Le lecteur moins informé du travail de Benoît Peeters peut très bien commencer ce livre par l'anthologie reproduite en annexe.

LA QUESTION DE L'ŒUVRE

1.1 Un homme-orchestre?

On l'a répété à l'envi: s'il n'est pas impossible d'y reconnaître certains noyaux, l'œuvre signée Benoît Peeters demeure foncièrement tentaculaire, aucun type d'écriture n'étant a priori absent d'une entreprise qui brasse et englobe les matières et les approches les plus diverses[1].

Après de prometteurs débuts de romancier, Benoît Peeters a circulé sans arrêt d'une forme d'écriture à l'autre. Créateur prodigue de fictions, il s'applique avec une même constance à plusieurs genres non fictionnels, mêlant essai biographique, réflexion théorique ou prise de position journalistique. Signataire de bientôt quelque quarante ouvrages, il alterne aussi l'exercice soi-disant plein de l'écriture avec les tâches souvent jugées auxiliaires ou subalternes du scénario sous toutes ses formes, de la seule conception de volumes collectifs à l'élaboration complète, jusque dans les plus infimes détails, de projets à quatre mains.

Or, de même qu'il est difficile, voire infaisable, de ramener le travail de Benoît Peeters à un *type* d'écriture (à une classe, à un régime, à un genre, peu importent ici les étiquettes), de même la notion d'*écriture* s'avère insuffisante pour couvrir l'ensemble d'une activité qui déborde à plus d'un égard la démarche classique de l'écrivain, pour protéiforme qu'elle soit. Très tôt se manifestent des préoccupations et des engagements d'une autre nature et la place qui leur est accordée ne va guère, semble-t-il, diminuant. Sa production multiplie en effet les supports, quitte à les fusionner plus souvent qu'à leur tour dans quelque nouvelle unité multimédia. Après s'être essayé à des avatars fort variés de l'objet livre, du volume le plus anodin aux albums sophistiqués avec cassette ou compact-disque, Benoît Peeters s'est tourné rapidement vers les supports que lui désigne son goût des images et du travail en commun: les planches de bande dessinée et de roman-photo, l'écran de la télévision ou des salles de cinéma, les cimaises des galeries et les murs des édifices où s'expose, c'est-à-dire se rencontre, se parcourt, se vit, l'univers en trois dimensions dérivé de bien des volumes antérieurs et, suppose-t-on, à venir.

Si spontanément qu'elle se présente à l'esprit, l'image de l'homme-orchestre n'est cependant guère adéquate pour rendre compte de pareille activité. Elle tend à masquer en effet que Benoît Peeters n'est pas toujours seul à faire ce qu'il fait, son écriture ne pouvant se concevoir en dehors des problèmes que pose la collaboration. L'idée de création collective, presque anonyme, serait du reste tout aussi partielle et inexacte, dans la mesure où elle passerait sous silence la responsabilité individuelle et le contrôle intégral du projet que Benoît Peeters a toujours réclamés, moins du reste par vanité d'auteur, laquelle pousserait au contraire à décliner ou à freiner les collaborations, qu'en raison des exigences de chaque programme, qu'une collaboration trop diffuse affadirait inévitablement:

"Ce que j'aime justement dans la BD, par exemple, c'est que ça se fait à deux et non pas avec une équipe. J'aime la collaboration lorsqu'elle est étroite, quand ce n'est pas une relation hiérarchisée. Dans l'expérience récente du court métrage, j'ai été frappé par le côté arborescent de la structure. On a une relation privilégiée avec deux ou trois personnes qui elles-mêmes ont une relation privilégiée avec leurs assistants. Au bout du compte, le technicien aux éclairages ne sait plus pourquoi on fait tout ça."[2]

Pour bien exprimer tant la radicale diversité de l'œuvre que le désir de ménager le caractère mixte, pluriel, non totalement réconcilié ou homogène de ces collaborations, il peut être commode de faire appel à la notion de *réseau*, qui a le double avantage de dire à la fois l'impossibilité d'une réduction (par exemple à une seule pratique, à un seul texte, à un seul auteur) et le besoin impératif, contre toutes formes par trop évanescentes d'une collaboration tous azimuts, d'une sorte de fermeture (sur un certain type de collaboration, sur une certaine manière de produire en commun, sur un certain genre de travail, entre autres).

1.2. Un réseau parmi d'autres?

Un parfait truisme expliquerait la position singulière dont jouit le réseau Peeters à l'heure actuelle: unique et frappant, il le serait en tout premier lieu à cause de sa... *rareté*. Telle conclusion, pourtant, sans être tout à fait erronée, n'éclaire en rien pourquoi cette œuvre, qui n'a finalement rien d'extravagant à hauteur de ses fragments constitutifs et qui refuse systématiquement d'épater à moindre prix, peut conserver la solitude relative qu'on lui connaît. Et cette question à son tour, se dédouble, puisqu'il s'agit de comprendre, non pas uniquement les causes profondes de cette position isolée, mais aussi les raisons de l'étonnement même causé par une œuvre dont la plupart des aspects, vus en eux-mêmes, ont l'air presque parfaitement conventionnel.

Que le travail de Benoît Peeters soit singulier, le fonctionnement pratique de l'institution littéraire l'exhibe de manière éclatante, avec son double penchant pour le *cloisonnement* et la *hiérarchie* des types d'écriture. On ne le sait que trop: avant même d'être proposé à l'appréciation des lecteurs, tout écrit publié est lui-même déjà l'objet d'une manière de jugement (que le public, bien sûr, se contente souvent d'entériner à son insu). Suivant le lieu où il paraît, d'un côté, et le genre auquel il appartient, de l'autre, pour en rester aux sources de discrimination les plus déterminantes, l'écrit rencontre une division et une subordination qui lui préexistent de façon très contraignante. Veut-on écrire? Qu'on se risque plutôt à la fiction. Veut-on faire de la fiction? Qu'on se tourne plutôt vers le roman. Veut-on publier? Qu'on sollicite en tout premier lieu les éditions de Minuit ou Gallimard. Veut-on un prix? Qu'on courtise Grasset.

De plus, l'écrit et l'écrivain une fois classés, les mœurs éditoriales ou, si l'on préfère, les habitudes du marché n'aiment pas trop qu'on les combine avec trop de désinvolture (c'est, dit-on, un signe de frivolité), ni qu'on passe d'une case à l'autre (à moins que le changement intervenu ne soit de ceux qui donnent un coup de pouce à la carrière). D'un nouvelliste, on admirera le roman. D'un romancier révélant un don de nouvelliste, on dira qu'il s'est laissé tenter par une petite excursion. D'un fidèle de Minuit publiant chez tel petit éditeur, on pardonnera, sauf si elle perdure, la petite infidélité. D'un jeune auteur repris par l'écurie Gallimard, le nouvel ouvrage sera salué comme une consécration.

Quand bien même ces hiérarchies ne sont pas données une fois pour toutes et que les divisions ne restent pas absolument étanches, la pression qui en découle est sans relâche. Quant aux exceptions tolérées, elles ne vont jamais à l'encontre de la double règle du cloisonnement et de la hiérachie que l'on vient de détailler.

La plus connue des dérogations est sans doute le *second métier*. Non pas le second métier *externe* à l'acte littéraire, totalement coupé de lui, et dont la rémunération permettrait à l'écrivain de garder à son écriture la pureté revendiquée[3] (c'est par exemple Julien Gracq/Lucien Poirier enseignant la géographie et l'histoire dans un lycée parisien), mais le second métier *interne* à l'institution littéraire, qui autorise à l'écrivain de vivre de sa plume tout en lui donnant la chance de développer par ailleurs cette part de l'œuvre qui compte vraiment (ce serait par exemple Georges Perec collaborant à *Vogue Hommes* ou au magazine *Atlas* d'Air France). L'opposition des deux seconds métiers, interne et externe, est toutefois, on l'entrevoit assez, absolument factice: tant que ne se redéfinit pas de manière radicale le rapport entre les deux métiers (l'œuvre à construire, d'une part, et tout ce qu'il faut bien consentir à faire pour vivre, d'autre part), presque tous les écrivains ayant un second métier ressentent douloureusement la part, toujours agaçante et parasitaire, que prend une activité à leurs yeux forcément roturière.

Le choix du second métier (interne) enfreint visiblement la norme du cloisonnement des écritures. Avec telle solution l'auteur a en effet l'occasion, imposée ou voulue, de s'arracher au créneau de sa production principale. En revanche il paie un lourd et pénible tribut au principe de la hiérarchie des écritures, puisque les travaux qui s'ajoutent seront inéluctablement vécus comme autant de petits pensums alimentaires, bâclés sans intérêt ni engagement, écrits, comme disent les Français, de la main gauche, à la limite dissimulés par le recours au pseudonyme[4]. Il n'en va d'ailleurs pas autrement pour les écrivains s'offrant un petit congé pour faire quelque incursion dans un domaine qui d'habitude n'est pas le leur, ces divertissements leur servant tout au plus à recharger les batteries.

La seconde solution, tout aussi attestée, celle de l'*alternance* des pratiques, renverse la première sans cependant toucher en rien, elle non plus, aux clivages qui la font naître: le refus de la hiérarchie y va en effet de pair, pour paradoxal que cela puisse paraître, avec l'affirmation des frontières, soit qu'on oublie à gauche ce que l'on avait appris à droite (ce pourrait être le cas du poète d'avant-garde Denis Roche, dont le travail photographique s'est révélé étonnamment sage et presque académique), soit qu'on essaie en vain de se défaire dans une pratique des grandes leçons apprises dans l'autre (ce serait le cas de tous ces écrivains convertis au cinéma, qui restreignent le scénario aux seuls dialogues).

Même chez des auteurs comme Alain Robbe-Grillet ou Marguerite Duras, où les analogies entre livres et films ne sont pourtant pas moins nettes que la réflexion sur les traits spécifiques des deux genres, la tentative de mener de front une double carrière littéraire et cinématographique n'a pas réellement abouti, l'alternance n'ayant guère donné lieu à un véritable va-et-vient entre les deux versants de l'œuvre. L'aspect littéraire continue à prévaloir largement (le meilleur symptôme en reste que les spectateurs de ces films étaient presque exclusivement les lecteurs connaissant déjà les romans des metteurs en scène respectifs). Qui plus est, l'alternance, voire la concomitance initialement prévues, ont vite tourné au conflit (pour Duras, le choix pour le cinéma vers le début des années 80 résultait incontestablement d'un blocage littéraire; pour Robbe-Grillet, le retour aux belles-lettres, à la même époque, n'était pas sans relation avec l'échec du grand dessein cinématographique).

La position de Benoît Peeters est aux antipodes de chacune de ces attitudes (second métier et alternance) pourtant fort courantes. On observe ainsi qu'il s'attaque de front, dans sa façon bien consciente et très volontariste de mener sa carrière de professionnel de l'écriture, aux principes couplés de la hiérarchie et du cloisonnement des pratiques.

Le fait que Benoît Peeters embrasse des pratiques et des types d'écritures dissemblables au maximum ne s'accompagne en effet jamais d'une volonté de jouer telle forme contre telle autre. Loin de faire le tour d'un très grand nombre de genres possibles afin de tomber sur la niche la plus rentable, en prestige et en argent, puis de renoncer aux travaux moins rémunérés ou inaperçus, il continue son parcours en zigzag entre les grands et les petits éditeurs, entre les séries populaires ayant réussi à fidéliser un large public et les interventions plus pointues condamnées au succès d'estime.

Le succès rapide de l'auteur lui ayant valu tout de suite de solides inimitiés, on ne s'est pas gêné pour le lui signifier crûment: "Benoît Peeters, toujours là où il faut"[5]. Ce reproche, cependant, a bien fini par s'avérer le plus juste des commentaires qui puissent être faits du réseau Peeters. Si l'auteur est effectivement toujours là où il faut, ce n'est pas seulement pour faire la promotion de son œuvre, mais aussi, dans un geste apparemment antithétique, pour la décentrer en cassant net toute opposition possible du premier et du second métier, de l'adventice et du principal, du sérieux et du ludique, de l'aparté confidentiel et du bestseller.

1.3. Les réseaux du passé

La situation de Benoît Peeters dans le champ littéraire d'aujourd'hui doit cependant être nuancée dès qu'on la compare à celle des écrivains d'une époque point encore trop révolue, la fin du XIXe, la première moitié du XXe siècle.

A sortir par exemple des rayonnages de la bibliothèque le tome unique des œuvres complètes de Stéphane Mallarmé[6], on se rend compte tout de suite que la dimension proprement poétique, au sens étroit du mot, y est finalement assez exiguë, la plupart des pages du livre accueillant des textes où Mallarmé, sans jamais cesser de faire œuvre de poète, au sens cette fois large du terme, s'avoue familier de genres bien différents: traductions, journalisme, allocutions, écrits didactiques, voire exercices de thème. Il sera objecté, non d'ailleurs sans raison, que le fétichisme d'auteur n'est pas absent de pareille collection hétéroclite et que seuls les grands écrivains ont le droit de léguer à la postérité reconnaissante leurs moindres notes de blanchisserie. Pour indéniable que soit tel constat, il n'est pas moins vrai que la curieuse table des matières de bien des volumes de la Pléiade révèle une attitude malgré tout fort différente, et surtout moins exclusive, à l'égard de la parole littéraire. Jusqu'il y a quelques générations, l'écrivain ne faisait pas une distinction aussi nette entre les domaines que couvrait sa plume; il échappait surtout à la dictature de la fiction, romanesque de préférence, n'hésitant pas à s'absenter pour de longues périodes de toute écriture fictionnelle. Gide, ainsi, ne cessait pas d'être perçu comme véritable auteur, plutôt que comme journaliste ou polémiste, dans les années de l'entre-deux-guerres où, ayant renoncé au récit, il orientait son écriture vers le pamphlet ou le témoignage[7], tous genres qui seraient aujourd'hui écartés du corpus de la "littérature". Qu'à l'époque où il dirigeait la *Nouvelle Revue Française*, Jean Paulhan pressait les collaborateurs les plus connus de lui remettre, non pas des extraits d'un roman ou poème en chantier, mais, de manière indifférenciée, des "pages"[8], est assez révélateur d'un état d'esprit qui passerait aujourd'hui pour obsolescent.

Plus encore qu'André Gide ou Stéphane Mallarmé, toutefois, dont le statut de "maître à penser" ou de "prince des poètes" empêche sans doute d'évaluer correctement ce que leurs œuvres ont de réellement disparate, les figures d'un Larbaud ou d'un Valéry, auteurs polyvalents par excellence, illustrent, pour la dernière fois peut-être (Larbaud cesse d'écrire vers 1938, Valéry s'éteint en 1945), la richesse d'une vraie vie d'écrivain, proche de l'inexistence sur le plan biographique mais d'une densité exceptionnelle pour ce qui est de ses rapports avec la littérature.

Chez Larbaud, écrivain d'une discrétion exemplaire, la totalité d'une vie -des incessants voyages à la correspondance fort soutenue-était intégrée à l'activité littéraire (pour beaucoup de connaissances étrangères, par exemple, Larbaud était d'abord un agent littéraire parfaitement bénévole). Inversement sa conscience d'écrivain irriguait les tâches les plus ingrates, comme par exemple la corvée des copies manuscrites (l'histoire littéraire a retenu ainsi le cas d'une transcription en sang et or -hommage rendu à l'auteur et à son pays- d'une traduction de Ramón Gomez de la Serna, un de ceux que la générosité sans bornes de Larbaud avait aidé à faire connaître du public français et européen)[9]. Quant à Paul Valéry, écrivain dont Benoît Peeters, justement, sera le premier à composer une biographie (plus de quarante ans après la disparition du modèle!), son cas est plus parlant encore que celui de Larbaud. Valéry fut en effet le type même de l'auteur à qui l'on demandait toujours "des pages", des textes courts, souvent de circonstance, sur les sujets et dans les genres les plus différents, sans que sa production, grâce au prestige de som nom, ait jamais cessé d'être du Valéry et d'être lue comme telle.

Peut-on dire alors que, avec peut-être quelques autres écrivains comme Georges Perec ou Renaud Camus[10], Benoît Peeters perpétue la tradition de l'*homme de lettres*, que l'on pouvait croire balayée par la spécialisation croissante des professionnels modernes et dont l'érosion constitue, sans doute aucun, une des causes fondamentales de la crise que traverse l'écriture littéraire? Faut-il le présenter comme une sorte d'anachronisme?

L'hypothèse est séduisante, mais pas vraiment appropriée.

1.4. Le futur du réseau

Benoît Peeters est certainement de ceux qui, à défaut d'un prestige définitivement perdu, sauvent ou redécouvrent la possible diversité de l'écrivain. Cependant, toute réelle que soit la proximité de Benoît Peeters avec les praticiens d'une époque où l'écrivain combattait avec bonheur sur plusieurs fronts, en conclure que sa démarche est tournée d'abord vers le passé serait pour le moins prématuré. Autant que les analogies, il convient de souligner en effet les divergences entre le travail des écrivains d'autrefois et l'engagement contemporain en faveur d'une écriture en réseau. On examinera ici trois de ces écarts, qui complètent évidemment les caractéristiques analysées plus haut: la question du *style*, le problème de la *collaboration*, la sélection d'un *public*.

Sans doute le souci du style, c'est-à-dire de l'expression personnelle, unique et singulière, est-il ce qui distingue le plus les auteurs traditionnels d'un écrivain comme Benoît Peeters. Là où les premiers cherchent à se forger un style propre, impossible à confondre avec aucun autre, le dernier semble aspirer à une sorte de non-style, qu'il faut moins comprendre comme un refus ou une absence de style, un peu à la manière de cette *écriture blanche* de l'après-guerre[11], que comme le *style de l'écrit en général*, détaché de toute angoisse d'expression individuelle, soumise seulement à une volonté de bien écrire qui s'efforce en même temps d'éluder les pièges de tout excès, de toute préciosité.

Le style qui en résulte est non seulement, comme il est logique, un rien archaïsant, il est surtout radicalement *non pastichable*, puisque trop peu marqué au sceau d'une recherche personnelle. Chez Benoît Peeters, l'exercice même du pastiche, cette maladie infantile de l'écriture qu'aux yeux de Proust chaque écrivain est obligé de traverser dans la recherche d'une écriture enfin à nulle autre pareille[12], témoigne avec clarté de cette attitude peu orthodoxe.

Si les commencements de Benoît Peeters sont placés effectivement sous le signe du pastiche (son premier texte publié, "Puissances"[13], a notamment pour cible le Sollers de *H*, son premier roman contient plus d'une charge du Simon de *La Route des Flandres*), le pastiche ne disparaît guère des phases plus évoluées de l'œuvre, qui contiennent toujours d'amples doses des styles d'autrui. *Plagiat*[14] en est, bien sûr, l'exemple superlatif, puisque l'imitation y concerne non seulement le travail du peintre au cœur de la fiction (tant Van Meer que son plagiaire, Tommy Crane, ne font que répéter le style d'un troisième, sans doute Valerio Adami), mais aussi et surtout l'intrigue du livre même (le scénario co-signé par Benoît Peeters et François Schuiten emprunte certains de ses éléments au volume *Omnibus* du seul Peeters).

De plus le pastiche déborde d'emblée le cadre d'hygiène littéraire auquel on a coutume, dans le sillage de Proust, de le réduire. Loin d'être quelque exercice de style destiné à épouser au plus près la "manière" du modèle admiré dans l'espoir de s'en émanciper au plus vite, l'intérêt de Benoît Peeters pour le pastiche lui procure au contraire un matériau à explorer dans des textes que les dimensions comique (au point de vue du lecteur) et cathartique (au point de vue de l'écrivain) n'épuisent pas du tout. Dans *Omnibus* les clins d'œil stylistiques à Simon ont beau être amusants[15], le livre ne contrevient pas moins aux trois règles de base de tout pastiche classique[16]: la brièveté d'abord, dont le non-respect révélerait un attachement morbide, une incapacité à tourner la page; l'interdiction des répétitions littérales ensuite, qui trahiraient chez les pasticheurs en herbe un cruel manque de savoir-faire; le peu d'intérêt du contenu, enfin, toute intrigue un peu développée risquant de détourner l'attention du seul élément qui compte: la relation formelle avec le modèle.

S'il sert toujours de tremplin, le pastiche selon Benoît Peeters n'est donc pas le chemin le plus court vers la découverte d'une individualité inaliénable, mais une machine à inspiration qui se retrouve dans le canevas de bien de ses intrigues.

La seconde différence avec le type d'écrivain dont Benoît Peeters prend apparemment le relais, découle directement de la première: refusant le style personnalisé, l'écrivain recherche activement le travail en collaboration. Sur ce point aussi, qui est loin d'être inconnu des auteurs traditionnels, la position de Benoît Peeters est tout à fait spécifique.

Il faut constater d'abord que le travail en question s'interdit les deux types de collaboration les plus courantes (et qui corroborent chacun les traits fondamentaux du cloisonnement et de la hiérarchie relevés lors de la discussion sur le second métier).

D'une part, l'écriture de Benoît Peeters, avec, on l'a vu, son peu d'attrait pour les collaborations diffuses et incontrôlables, évite la formule *honteuse* ou inavouée de la collaboration. Ce serait le cas du secrétaire, voire du nègre, lesquels soustraitent tel ou tel aspect d'un labeur pour lequel l'écrivain-même ne se sent pas directement d'aptitudes particulières. Si Benoît Peeters décrit plus d'une fois ce pillage artistique, l'on comprend assez pourquoi l'écriture en réseau qu'il prône reste à l'écart de ce type de communauté littéraire: cette forme de collaboration supprime radicalement la séparation des mains, mais elle ne casse en rien le principe de hiérarchie, seul le nom déjà connu apparaissant en couverture. Pareille collaboration reste en quelque sorte une *fausse création collective*.

D'autre part, elle contourne non moins la formule *œcuménique*, où chacun se garde bien d'empiéter sur le domaine de l'autre. C'est le cas de l'auteur décrivant les tableaux des peintres ou des peintres illustrant le texte de l'écrivain. Quel que soit le degré de réussite de ces genres spécifiques, la part due à chacun y reste soigneusement à l'abri de l'apport de l'autre: la hiérarchie est supprimée, mais le cloisonnement se maintient. Une telle création collective, procédant par simple addition, reste en quelque sorte une *fausse collaboration*.

Ce que poursuit et favorise par contre Benoit Peeters, c'est un type de collaboration croisée, où chaque partenaire assimile activement les propositions de l'autre, jusqu'à susciter une création en partie commune. A propos de son travail avec François Schuiten, le dessinateur de la série des *Cités obscures*, Benoît Peeters avoue ainsi:

"En ce qui converne le résultat, l'idéal est que le lecteur ne sache pas du tout distinguer l'apport de l'un ou de l'autre, qu'il se dise "ceci est une idée de Peeters", alors qu'en réalité elle est de Schuiten."[17]

Esquivant le double écueil de la hiérarchie et du cloisonnement des rôles, qui risquent traditionnellement ou bien de se confondre (au profit exclusif, dès lors, du plus prestigieux) ou bien de garder une indépendance totale (au détriment, alors, de la collaboration elle-même), Benoît Peeters a toujours recherché un véritable mixte.

Le bien-fondé comme l'efficacité de cette troisième voie se reflètent peut-être le mieux dans le fait que la collaboration est chez Benoît Peeters *systématique* et que, loin d'être seulement un aspect technique de l'élaboration de l'œuvre, elle *essaime* pour finir par informer jusqu'au contenu des projets. De surcroît, il arrive régulièrement une véritable inversion des rôles, le partenaire visuel fonctionnant à part entière comme co-scénariste officiel de l'œuvre (ainsi par exemple le cinéaste Raoul Ruiz dans *Le Transpatagonien* ou le dessinateur Schuiten dans *Plagiat*), l'écrivain se sentant quant à lui de fortes envies de metteur en scène (Benoît Peeters est notamment l'auteur, avec Pierre Drouot, du court-métrage *Servaisgraphia*).

Enfin, et ce point est absolument fondamental, les analyses des croquis d'Hergé ont enseigné à Benoît Peeters que le travail de la collaboration peut très bien se faire tout seul, c'est-à-dire être intériorisé par le praticien conscient de la complexité du matériau à structurer:

"Il suffit d'observer les crayonnés d'Hergé ou de lire les carnets de notes de la fin des années trente pour voir comment la lettre peut se faire image et comment de l'écrit, sans cesse, vient se glisser dans le dessin. (...) Lorsque par exemple, dans le petit carnet *Eléments Tintin*, Hergé se met en quête de nouveaux gags mettant aux prises Milou et les os, il mêle indissociablement le verbal et le visuel(...)."[18]

Qu'il ne faille pas être deux pour "collaborer avec soi-même", permettra peut-être un jour d'analyser sous un tout nouvel angle les travaux strictement littéraires de Benoît Peeters et le rôle qu'y jouent ces images dont la présence virtuelle est si souvent rappelée. La véritable traduction visuelle de *La Bibliothèque de Villers* proposée par Patrice Hamel[19], et qui excède de partout le cas de figure de la collaboration œcuménique mentionné ci-dessus, est un premier indice de l'intérêt comme de la possibilité d'une telle approche.

Si plusieurs formes de collaboration sont ainsi couvertes par le travail de Benoît Peeters, force est de reconnaître que d'autres ne sont qu'inégalement exploitées. En effet, à la valorisation de la collaboration de l'écrivain et du dessinateur s'oppose le regard négatif jeté sur la collaboration *entre écrivains*. *Omnibus*, avec ses anecdotes sur la collaboration entre un Simon débordant d'imagination mais incapable d'écrire et un certain Pastissou, écrivain génial mais dénué de toute imagination, fournit déjà une image de collaboration peu reluisante, que ne compensera par la suite aucun exemple vraiment positif. Quant aux collaborations littéraires de Benoît Peeters même, avec Christian Rullier et Michel Gauthier entre autres[20], leur statut est surtout parodique et d'ailleurs non exempt de plusieurs difficultés sur lesquelles il faudra revenir en détail. Quoi qu'il en soit, le cycle des collaborations n'est, de ce côté-là, certainement pas venu à son terme[21].

Une troisième grande différence, enfin, après les questions du style et de la collaboration, concerne les relations de Benoît Peeters avec le lecteur. Alors que l'écrivain classique a en général "son" public, qu'il connaît, qui lui est fidèle (et en fonction de qui, fût-ce pour le choquer, il écrit), Benoît Peeters possède un lectorat totalement éclaté.

En l'occurrence, la dispersion prend deux formes précises et complémentaires. D'un côté, les divers pans du réseau ne sont pas lus par les mêmes lecteurs. De l'autre, ces publics sont tous placés au même niveau: de même qu'il n'y a pas pour Benoît Peeters de premier ou de second métier, de même il n'y a pas pour lui de lecteurs de première zone à courtiser ou de lecteurs de seconde zone à solliciter de manière à la fois plus distraite et plus intéressée.

On peut même avoir l'impression que l'éclatement est érigé en principe. Les indices de pareille démarche, qui contredit si frontalement les reproches de carriérisme forcené, ne manquent certainement pas. Il convient ainsi de mettre en valeur l'ouverture radicale de Benoît Peeters à la commande, c'est-à-dire à l'acceptation d'un public déjà ciblé par l'éditeur. De plus, à l'intérieur des éditions successives du même livre, le premier public peut se trouver carrément laissé de côté (il est peu probable que les clients de l'édition Laffont de *La Bibliothèque de Villers*, par exemple, aient jamais connaissance de la nouvelle mouture, pourtant tout autre, aux Impressions Nouvelles). Enfin, l'éparpillement des innombrables publications et leur caractère souvent confidentiel renforcent encore ce qu'il faut considérer comme une tendance fondamentale du réseau Peeters: tout se passe comme si l'auteur voulait *empêcher la lecture de ses œuvres complètes* (attitude qui est sans doute seule capable de permettre à un auteur de produire en abondance sans crainte de lasser).

La rupture avec l'écrivain traditionnel, qui demande à "son" public de le suivre où qu'il aille, se voit ainsi accomplie une nouvelle fois sur un mode on ne peut plus tranché.

Les raisons sont donc nombreuses pour refuser de voir en Benoît Peeters le simple héritier de l'homme de lettres d'antan. Certes, pareil modèle est impossible à ignorer. Mais le réseau mis en place en diffère aussi sur beaucoup de points.

Contrairement à l'œuvre qui se donne d'emblée comme un tout, pour multiple et divers qu'il soit, la notion de réseau engendre un type de production à la fois plus éclatée et plus ouverte, qui ménage entre autres à l'écrivain la possibilité de se relire et de créer des pistes de lecture supplémentaires. Tout travail de Peeters, en effet, a tendance à s'inscrire dans une série dont les avatars souvent non prévus d'avance peuvent modifier radicalement la perception des premiers jalons (c'est un peu ce qui se passe pour les *Cités obscures*, où les liens d'un volume à l'autre se multiplient jusqu'au vertige[22]). Mais tout nouveau projet peut établir aussi des relations avec des productions en principe fort éloignées (c'est en tous cas ce qui ressortira clairement des exemples cités plus loin dans cette étude).

La question de l'œuvre, cependant, est bien plus complexe que celle du réseau: non moins essentiel est le problème du rapport entre l'écriture et l'écrivain, ce qui amène à s'interroger sur la notion d'auteur, concept périmé pour tous ceux qui, comme Benoît Peeters, ont commencé à publier dans les années 70. Ce sera le sujet d'un des chapitres suivants.

NOTES

(1) Une bibliographie exhaustive est donnée en annexe à la fin de ce livre, où l'on trouvera également une courte présentation de chacun des travaux de Benoît Peeters parus sous forme de livre.

(2) Catherine Saouter-Caya, "Entrevue avec Benoît Peeters" in *Imagine*, n° 31, 1985, p. 104.

(3) Voir, pour plus de détails, les interviews rassemblées par Nathalie Heinich dans son enquête *Etre écrivain*, Paris, Centre National des Lettres/Ministère de la Culture, 1990.

(4) Il serait passionnant d'écrire un jour une histoire littéraire du point de vue du second métier. Vécu parfois dans la honte, ou au contraire revendiqué avec une agressivité tout aussi révélatrice, négligé, ignoré, refoulé par les instances de légitimation, le second métier, qu'il soit ou non littéraire, risque de confronter le chercheur avec plus d'une surprise, tant pour ce qui est des échanges largement méconnus entre premier et second métiers que pour ce qui est des textes oubliés au fond de quelque enfer.

(5) Anonyme, cité dans *Comment écrivent-ils? Vingt-cinq écrivains belges?* (textes d'Anita Van Belle, photographies de Marie Mandy), Bruxelles, éd. Mandibel, 1983, p. 56.

(6) *Œuvres complètes*, texte établi et annoté par Henri Mondor et G. Jean-Aubry, Paris, Gallimard, bibl. de la Pléiade, 1945.

(7) La période en question est surtout la fin des années 20, puis les années 30.

(8) Voir le tome II de sa correspondance, *Les Années obscures*, Paris, Gallimard, 1987.

(9) Voir, dans le numéro d'hommage de la NRF récemment réédité (Paris, Gallimard, 1990), l'article de Mathilde Poles, "Valéry Larbaud et l'Espagne".

(10) On reviendra sur ces auteurs dans le chapitre "Benoît Peeters et les autres".

(11) Roland Barthes, *Le Degré zéro de l'écriture*, Paris, Seuil, coll. Points, 1972.

(12) Les pastiches de Proust se donnent aujourd'hui à lire dans le volume de la Pléiade intitulé *Contre Sainte-Beuve*, Paris, Gallimard, 1971.

(13) Cette nouvelle a été publiée en 1975 dans la revue *Minuit*, n° 15 (cf. Annexe 1 de ce livre). Dès le sous-titre ("...ça pastiche..."), le propos ludique

est annoncé, mais très subtilement. Le sous-titre, en effet, ne se contente pas d'énoncer l'enjeu, il est lui-même déjà un pastiche, en l'occurrence de la phrase-incipit de l'*Anti-Œdipe* de Deleuze et Guattari ("ça pense, ça mange, ça baise...").

(14) Paris, Les Humanoïdes associés, 1990. Rappelons que l'histoire s'inspire de la dispute de deux peintres authentiques, Stéphane De Jaeger et David Hockney. S'estimant plagié par son illustre aîné, le jeune Belge De Jaeger se défendit assez mal et finit par renoncer au montage polaroïd dont il se jugeait et l'inventeur et le premier praticien.

(15) On examinera plus loin d'autres exemples, dont surtout le faux Stevenson, "L'Audacieux pari de Tommy Crane", in *Conséquences*, n° 4, 1984 (cf. Annexe 3 de ce livre).

(16) L'introduction la plus accessible au pastiche reste le volume de Gérard Genette, *Palimpsestes*, Paris, Seuil, coll. Poétique, 1982, 105-146.

(17) Catherine Saouter-Caya, entretien cité, p. 102-103.

(18) Benoît Peeters, *Case, planche, récit*, Paris-Tournai, Casterman, 1990, p.104

(19) Paris, Les Impressions nouvelles, 1990 (la première édition du livre date de 1980, aux éditions Laffont).

(20) Il s'agit, respectivement, de *L'Irrésistible bibliographie critique et polissonne de Carl-Emmanuel Derain (A-S)* et de "L'Audacieux pari de Tommy Crane", textes sur lesquels on reviendra plus en détail.

(21) Plus particulières, sans doute, et surtout plus marginales encore, sont les trois pièces radiophoniques écrites avec Luc Dellisse, au début des années quatre-vingts, sous le pseudonyme de Francis Kendall. Il en sera question encore dans le chapitre suivant de cette étude.

(22) Cf surtout l'étude de Thierry Groensteen, "La légende des Cités", in *Schuiten & Peeters, Autour des Cités obscures (éd. M. Jans et J.-F. Douvry)*, St-Egrève, éd. Dauphylactère/Mosquito, 1994, p. 151-170.

L'ECRITURE EN COLLABORATION :
UN ENJEU IDEOLOGIQUE

2.1. Au-delà du point de vue technique

Comme on l'a vu, la collaboration occupe dans le travail de Benoît Peeters une place aussi incontournable que complexe et ambivalente. En effet, autant certains types de collaboration sont par lui activement recherchés, autant d'autres semblent refusés d'emblée ou, après quelques timides essais, catégoriquement mis de côté. De la même façon, l'écriture de Benoît Peeters fait apparaître aussi de sérieuses divergences techniques entre les diverses formes de collaboration. Afin d'apporter un peu de clarté à ce dossier en pleine évolution, il n'est pas inutile -avant d'aborder l'analyse des textes mêmes- de s'interroger de façon aussi générale que possible sur les véritables enjeux de l'écriture en collaboration.

Dans l'art du XXe siècle, si fortement caractérisé par son intérêt pour la fusion des genres, le travail en collaboration est loin d'être un phénomène marginal. Ecrivains et plasticiens, par exemple, ne se sont jamais contentés d'intégrer à leur travail, au-delà des simples formes de l'illustration, les apports d'un médium différent, ils ont aussi directement œuvré côte à côte, produisant ensemble des livres où l'écrit et l'image ont indissolublement partie liée. Pensons par exemple, dans le domaine des relations entre peinture et poésie, à Blaise Cendrars et Sonia Delaunay écrivant et peignant en 1913 *La Prose du transsibérien et de la Petite Jeanne de France*[1]. Pensons aussi, dans le domaine des rapports entre photographie et prose, à Walker Evans et James Agee, rédigeant et mettant en images en 1936 ce qui deviendra leur célèbre reportage sur la Grande Dépression, *Louons maintenant les grands hommes*[2].

La pénétration rapide de certains genres mixtes, comme le calligramme, la bande dessinée ou le roman-photo, puis l'explosion récente des technologies multimédia ont sans doute aucun accentué ce mouvement; elles en ont varié aussi les formes et les réalisations, au point de banaliser peut-être le principe même de la collaboration, dilué aujourd'hui au fur et à mesure de sa rapide propagation. On s'interroge curieusement peu en effet sur le phénomène de la collaboration, sauf pour le circonscrire, avec une hâte regrettable, à un simple problème de genres, voire à la seule sphère technologique, dont il ne serait qu'une simple conséquence. Toutefois, si peu qu'on examine des œuvres réalisées en collaboration, les limitations de tel point de vue se font vite patentes. Plutôt que d'être le résultat plus ou moins bien digéré d'inéluctables évolutions techniques, collaborer s'avère en effet une posture idéologique qui révèle des choix souvent complexes, signifiant aussi une prise de position à l'égard de la réception, c'est-à-dire de l'utilisation sociale de l'œuvre. C'est, bref, le lieu possible d'une *écriture* au sens fort que donnait à ce mot un auteur comme Roland Barthes: "(...) l'écriture est donc essentiellement la morale de la forme, c'est le choix de l'aire sociale au sein de laquelle l'écrivain décide de situer la Nature de son langage"[3].

Si l'on admet que la collaboration, autant qu'un pluriel d'agents producteurs, suppose également une alliance de techniques, de médias et de compétences, il devient clair que, s'agissant des diverses pratiques gravitant autour de la collaboration, quatre positions fondamentales, au moins, méritent d'être distinguées. A l'exception d'une seule -la position n 2, on en reparlera- elles sont toutes fort bien représentées dans le travail de Benoît Peeters.

1. L'œuvre traditionnelle, limitée à un auteur et un médium, que l'on peut définir provisoirement comme le résultat d'une *non-collaboration*.

2. L'œuvre de ce que l'on a coutume d'appeler un *auteur complet*, instance unique combinant plusieurs médias, par exemple le scénario et la mise en image dans le cas d'une bande dessinée ou, de manière sans doute plus problématique, la totalité des facettes et paramètres d'une œuvre cinématographique dans le cas des films dits "d'auteur".

3. L'œuvre faite par deux ou plusieurs auteurs travaillant au sein d'un seul et même médium, dans le cadre d'une collaboration nommée souvent *à quatre mains*.

4. Enfin l'œuvre réalisée par plusieurs auteurs apportant chacun leur propre compétence dans un domaine ou un médium déterminés: c'est à elle que l'on associe généralement le concept de *collaboration traditionnelle*.

Bien entendu, cette typologie élémentaire tolère amplement -si elle ne les suscite!- des solutions intermédiaires, mixtes, impures mais peut-être d'autant plus stimulantes, dont on retrouve plusieurs exemples chez Benoît Peeters. Un cas intéressant est l'album de bande dessinée *Plagiat !*[4], dont le scénario est cosigné par Schuiten, le dessinateur habituel de Benoît Peeters. Rappelons que les surréalistes étaient friands de ce genre d'échanges, qui invitaient les peintres à écrire (Dali, Ernst) et les écrivains à devenir plasticiens (Breton, Char). Bien des textes collectifs de l'époque surréaliste ont été écrits à la fois par des "écrivains" et par des "peintres".

Corollairement, il est tout à fait possible (et souhaitable) de préciser le schéma donné en tenant compte de certains critères plus subtils concernant, par exemple, le *statut* de la collaboration (s'agit-il d'une occupation centrale ou, en revanche, d'un divertissement sans lendemain?), la *chronologie* du phénomène (y a-t-il combinaison ou, au contraire, alternance des pratiques relatives à la collaboration?) ou encore la diversité de ses *lieux* (au Québec, par exemple, la collaboration est autrement plus répandue qu'en Europe).

Toutefois, l'essentiel n'est ici pas taxinomique. L'intérêt majeur de l'articulation du champ est de montrer plutôt que la collaboration est tout sauf une matière qu'on peut aborder impartialement. N'oublions pas que souvent les collaborations sont *masquées comme telles*: le poème de Cendrars a été dissocié des images de Delaunay, les photographies de Walker Evans sont généralement reproduites sans référence au travail de James Agee.

Dans le domaine de la collaboration, bien des résistances idéologiques se font jour. Les regarder plus en détail est indispensable.

En effet, alors que deux des quatre positions envisagées -*non-collaboration* d'une part et *collaboration traditionnelle* d'autre part- semblent jugées par l'institution littéraire de façon relativement neutre, du moins à première vue, les deux démarches restantes sont à la fois nettement plus rares et beaucoup plus discutées. La position de l'*auteur complet* fait ainsi l'objet de force louanges, à la différence de la production *à quatre mains*, dont le statut et le prestige paraissent autrement plus modestes. De part et d'autre, toutefois, c'est la défense, implicite ou explicite, de la notion d'*auteur*, qui sous-tend ces prises de position.

La ferveur recueillie par la position d'auteur complet, qui est un lieu commun en bande dessinée (où l'on se plaît à opposer l'épanouissement d'un Hergé, d'un Herriman ou d'un McCay aux lourdeurs des graphistes obligés de pactiser avec les contraintes d'un scénario imposé du dehors[5]) et, plus encore, au cinéma (où les *Cahiers du cinéma* ont réalisé le coup de force de vanter la production hollywoodienne tout en portant aux nues l'emprise du seul réalisateur[6]), apparaît comme une petite machine de guerre, non pas contre la collaboration *en soi*, mais contre la collaboration *avec autrui*: on admet que la rencontre des médias et des pratiques fomente l'imagination, pour regretter aussitôt les mille et une difficultés pratiques gênant toute collaboration concrète. Le fait de collaborer est vu de façon très ambivalente, à la fois comme *enrichissement* de l'écriture traditionnelle et comme *menace* des pouvoirs de l'auteur unique.

La dévalorisation implicite du travail à quatre mains, n'impliquant qu'un seul médium mais multipliant les signataires, corrobore parfaitement cette interprétation. Sans être directement condamnée, cette pratique n'est pas vraiment un objet de *distinction* (au sens technique que la sociologie de Pierre Bourdieu a donné à ce mot). C'est pourquoi sans doute elle trouve refuge dans des genres eux aussi relativement secondaires, plus ou moins ludiques ou alimentaires, comme par exemple l'écriture scénaristique, qui n'ignore rien du travail à la chaîne, ou le roman policier, qui a fait proliférer les "couples d'auteurs": Boileau-Narcejac, Ellery Queen (le pseudonyme de deux cousins qui du reste dévoilent leurs identités respectives au dos de chaque livre), Fruttero et Lucentini ou encore, pour les aventures de Bustos Domecq, Jorge Luis Borges et Bioy Casares. De plus, le travail à quatre mains est souvent mutilé par les pratiques éditoriales: que les échanges épistolaires des grands auteurs soient souvent publiés sans les lettres de leurs correspondants est une coutume qu'il serait naïf d'attribuer uniquement à des difficultés d'ordre pratique. Bref, tout se passe comme si, du moins pour l'écrivain chevronné, le travail à quatre mains était un type de collaboration en fait *indésirable*: une excursion ou une obligation, jamais un choix de tout premier rang.

Le poids de cette tradition se manifeste jusque dans le travail de Benoît Peeters, dont les incursions dans le domaine de l'écriture à quatre mains sont loin d'avoir l'intérêt et l'intensité que l'on pourrait attendre.

D'un côté, en effet, il a renié justement le seul livre de fiction à quatre mains -avec Christian Rullier- qu'il ait jamais publié: *L'Irrésistible bibliographie critique et polissonne d'A. Derain (a-s)*[7]. Qu'il s'agisse en plus du seul ouvrage ouvertement rigolo de Benoît Peeters n'est sans doute pas un hasard: tout se passe comme si l'auteur prévoyait l'échec de la tentative d'écriture à quatre mains et voulait d'avance se tirer d'affaire en transformant le texte en une farce grotesque. De l'autre, il a curieusement masqué, par l'inhabituel recours à la pseudonymie, d'autres formes de collaboration, comme par exemple les pièces radiophoniques écrites avec Luc Dellisse[8].

2.2. Ceci est mon texte

C'est donc -comment s'en étonner?- la notion d'*auteur* et celle, subséquente, de *signature*, que toute étude de la collaboration se doit de creuser davantage.

Dans une telle perspective, le travail à quatre mains paraît, de toutes les positions envisagées, la plus névralgique, la plus vulnérable.

A moins de contourner la difficulté par une stricte répartition des tâches, chacun des contributeurs étant alors seul responsable de "sa" partie de l'ensemble (et de sa partie "seulement", comme dans ces romans collectifs où chaque chapitre est signé par un nouvel auteur qui se borne à "prendre le relais"), pareille démarche pose en effet, pour certains auteurs, d'épineux problèmes de signature, c'est-à-dire d'image et de reconnaissance. On y voit très bien, en tous cas, jusqu'à quel degré le travail en collaboration force l'auteur à déclarer une certaine vision du sujet.

Les écrivains, en effet, ne sont pas tous prêts à assumer pleinement, c'est-à-dire intégralement, l'œuvre produite à plusieurs, soit qu'ils se sentent en désaccord avec le contenu global, soit qu'ils jugent leur réputation desservie par le voisinage d'autres signatures placées au même niveau que la leur. Ainsi, au tout début de la révolution surréaliste, André Breton croyait-il nécessaire de trahir le protocole de rédaction "collective" et "automatique'" du recueil *Les Champs magnétiques* (1920), rédigé en collaboration avec Philippe Soupault, en récrivant sur épreuves ses propres vers, puis en cochant sur ses exemplaires personnels ces mêmes vers, afin d'éviter toute confusion entre son écriture et celle, plus plate à ses yeux, de son camarade[9].

Inversement, le refus de pareilles considérations fonctionne souvent, au-delà du problème anecdotique de la signature, comme l'indice d'une posture plus large en faveur du collectif. Le célèbre dessinateur Alberto Breccia, par exemple, dessinateur avec son fils Enrique d'une biographie militante de Che Guevarra, s'est ingénié à ce qu'il ne reste nulle trace d'une quelconque idiosyncrasie stylistique des graphistes ayant collaboré au volume: les ruptures stylistiques de l'album ne renvoient pas à deux mains différentes, mais dépendent exclusivement des impératifs rhétoriques du récit, la préoccupation majeure des Breccia n'étant pas de *s'exprimer* mais de *convaincre*[10].

De la même façon, on trouve à la fin de *Rue obscure/Calle oscura*, de Jacques Izoard et Eugène Savitzkaya, la note suivante (qui brise le protocole de lecture implicitement adopté jusque-là et qui avait conduit le lecteur à chercher dans les textes en romain l'écriture d'Izoard et dans les texte en italique celle de Savitzkaya):

" 'Tout est chemin', écrit Octavio Paz. Les textes qui composent *Rue Obscure* constituent un trajet, un itinéraire, dans le temps (du 13 mai au 7 novembre 1975), dans l'espace (un séjour dans les Ardennes et un autre séjour dans les Asturies en sont les points extrêmes). S'agit-il d'une suite de poèmes alternés ou d'un seul long poème écrit à deux? Nous laissons la question sans réponse. Les auteurs voudraient que l'on considère ce premier livre qu'ils ont écrit ensemble comme une recherche mutuelle de leur identité propre à travers l'écriture. Le prolongement des mots de l'un par les mots de l'autre pourrait s'apparenter à d'autres tentatives d'écriture en commun. "[11]

Le travail de Benoît Peeters assume, certes, pleinement la mise en commun qu'implique l'écriture à quatre mains. Mais ce type de collaboration reste chez lui, comme on l'a vu, peu convaincant. Il s'agit là indéniablement d'une limite fondamentale, même s'il est trop tôt pour savoir si elle est ou non définitive.

Toutes proportions gardées, la même prudence se manifestera au niveau de la collaboration avec les lecteurs des *Cités obscures*, que Benoît Peeters et François Schuiten à la fois provoquent et surveillent étroitement:

Benoît Peeters: "Nos fins font toujours un appel au lecteur et cela entraîne d'ailleurs un lien très fort avec lui. Nous le constatons au courrier que nous recevons."

François Schuiten: "Par ailleurs, *Samaris* a un aspect très littéraire avec ces textes off de Benoît. Mais c'est aussi ce qui fait le charme de la lecture, d'où la difficulté de la retouche."

Benoît Peeters: "Et les réactions négatives de certains lecteurs lors de la réédition avec la postface "Retour à Samaris" expliquant que l'histoire date de dix ans et qu'elle a ses défauts. Pour les lecteurs qui venaient de découvrir cette fiction avec plaisir et étaient sensibles à son climat, c'était une manière de leur signifier que, peut-être, ils s'étaient fourvoyés. Il est délicat d'intervenir sur ce terrain. A l'avenir, les compléments (...) seront d'ordre purement fictionnel afin de préserver ce que la lecture peut avoir de magique." [12]

2.3. Le sujet "en collaboration"

La crainte d'une perte des privilèges du sujet s'engageant sur la voie de la collaboration est donc très vivace. Elle n'est pas pour autant justifiée, à moins de s'accrocher à une vision tout à fait monadique de la création. La véritable collaboration, celle où les partenaires acceptent de dialoguer et de laisser transformer leur apport personnel par le travail de l'autre, peut en effet être considérée comme *une alternative valable à la division du travail* qui, de toutes façons, entrave jusqu'aux activités de ceux qui pensent ne devoir rien à personne (dès qu'un auteur entre dans le système littéraire, il rencontre d'autres instances qui transforment, adaptent, voire censurent carrément ce qu'il a fait). Le poète expérimental le plus intransigeant, par exemple, a tout à gagner en collaborant de près avec l'imprimeur de son livre, la tension matérielle entre le monde de l'écriture et l'univers de l'imprimé s'étant aiguisée historiquement à mesure que l'auteur est parvenu à s'émanciper de tout contrôle social au niveau de l'objet de son discours: plus l'auteur a cru parler librement, plus en effet il se trouve lié aux goûts, décisions, résistances ou ukases des éditeurs et imprimeurs[13], les possibilités modernes d'autogestion et d'autopublication étant plus que contrecarrées par les phénomènes inverses de concentration monopolistique au niveau de la *distribution* des livres.

La collaboration, tout sauf un danger, constitue donc pour le sujet une chance d'épanouissement. On pourrait même aller plus loin et formuler l'hypothèse que la construction d'une pratique, tout individuelle qu'elle paraisse, n'est jamais que l'effet d'une collaboration peut-être inaperçue, et que mieux vaut donc, ne fût-ce qu'afin d'éviter de nouvelles méprises, se faire sien un esprit de collaboration *en connaissance de cause.* Il est ainsi généralement admis que nulle écriture ne peut se faire sans une phase de récriture interne, c'est-à-dire de lecture et de relecture de soi: dans cette distance, le sujet se pluralise, et comprend que pour écrire il doit en quelque sorte *collaborer avec (et contre!) lui-même*[14].

Cette formule, qui n'est pas une boutade, permet de comprendre que la première des quatre positions distinguées, celle de l'*écriture individuelle*, n'échappe nullement à la logique de la collaboration: écrire (ou peindre, photographier, ...), c'est aussi répondre aux injonctions de l'autre en soi. En guise d'exemple, il suffira de mentionner le cas de tous ceux qui, ayant mis de côté l'une quelconque de leurs productions, constatent au moment même d'y revenir qu'ils ont cessé de la (et partant de "se") comprendre, voire ne se rappellent plus en avoir été un jour l'auteur[15].

Collaborateur assidu et actif, acceptant autant que suscitant les offres de collaboration, Benoît Peeters illustre indéniablement certaine démarche de l'écrivain moderne, plus soucieux de l'exploration des mécanismes de l'écriture que de la construction d'un nom (d'auteur). Cependant, le choix de la collaboration souffre aussi -du moins à ce stade de l'analyse- de plus d'un obstacle, comme le souci de ne pas trop froisser le lecteur ou la méfiance à l'égard de l'écriture traditionnelle à quatre mains. Il conviendra donc de revenir sur ce problème, notamment pour envisager plus en détail comment le lecteur est appelé, non pas seulement à souffler à l'auteur la suite des opérations, mais à prendre lui-même la plume.

NOTES

(1) Paris, éd. des Hommes Nouveaux, 1913 (il s'agit d'un exemplaire

unique, conservé du reste non pas à la Bibliothèque Nationale, c'est-à-dire comme "livre", mais au Centre Georges Pompidou, c'est-à-dire comme "œuvre"). Les éditions courantes du poème l'amputent malheureusement de sa contrepartie visuelle.

(2) La traduction française du livre a été publiée aux éditions Plon, Paris, 1972. Contrairement à ce qui s'est passé pour le travail de Cendrars/Delaunay, où la contribution plastique s'est trouvée reléguée à la seconde place, ce sont ici les images de Walker Evans qui ont seules eu la faveur du public.

(3) Cf. *Le Degré zéro de l'écriture*, o.c.

(4) Paris, Les Humanoïdes associés, 1990). Les dessins de ce livre sont du seul Goffin.

(5) Pour plus de détails sur ce problème, voir dans l'étude de Benoît Peeters, *Case, planche, récit*, Paris/Tournai, éd. Casterman, 1991, le chapitre sur la collaboration.

(6) Voir, entre autres, le volume collectif *La Politique des auteurs*, repris en poche aux éditions Ramsay en 1991.

(7) Paris, éd. de l'Aubépine, 1987.

(8) Il s'agit des textes publiés sous le pseudonyme de Francis Kendall, cf. la bibliographie à la fin de cet ouvrage.

(9) Symptomatiquement, l'institution éditoriale passe sous silence cette dimension de l'œuvre, qui risque de compromettre le statut de l'auteur André Breton.

(10) *Ché*, Vitoria, éd. Ikusager, 1987 (dessins d'Alberto et Enrique Breccia, scénario d'Hector Œsterheld). J'ai rendu compte de ce volume dans mon article "Littérature et engagement", in *Cahiers marxistes*, n° 196, 1994.

(11) *Rue obscure* (1ère édition 1975, Liège, Atelier de l'Agneau), in Eugène Savitzkaya, *Mongolie, plaine sale, L'Empire* et *Rue obscure*, Bruxelles, Labor, 1994, p. 154.

(12) Propos recueillis par M. Jans et J.-F. Douvry in *Autour des Cités obscures*, o.c., p. 47 et 50.

(13) C'est le thème de divers ouvrages de Jean-Louis Cornille, dont *Conte d'auteur*, PU Lille, 1991, que j'ai présenté dans le numéro d'août 1994 du mensuel *Avancées*.

(14) Pour une introduction à ce problème tout à fait fondamental, nous nous permettons de renvoyer au volume dirigé par Claudette Oriol-Boyer, *La réécriture*, Grenoble, Ceditel, 1990, et à l'article de Jean Ricardou, "Pour une théorie de la récriture", *Poétique*, n° 77, 1989.

(15) Le livre d'Alain Fleischer, *Quelques obscurcissements*, Paris, éd. Eyrolle, 1993, en fournit un des exemples les plus saisissants que je connaisse.

LA BELGIQUE, COMME LES EXCUSES, EST FAITE POUR S'EN SERVIR

3.1. Bruxelles-sur-Seine

Benoît Peeters, écrivain belge? La question vaut bien un chapitre.

Avant d'être belges, les lettres françaises de Belgique, que les Belges le veuillent ou non, sont évidemment françaises. Le cas de figure est bien connu: il faut, pour exister en tant qu'écrivain belge d'expression française, "monter à Paris", moins pour y habiter que pour y publier (il n'en va d'ailleurs pas autrement pour les écrivains français habitant en province). Faire carrière "chez soi", même à l'époque où les télécommunications font voler en éclats l'opposition du proche et du lointain, n'a rien de valorisant: c'est bien à Paris qu'il faut se prouver, quitte à rompre avec son pays d'origine. Les écrivains français de Belgique font si peu exception à cette règle qu'il y a quelques années une campagne du ministère de la communauté française de Belgique en faveur de nos lettres placardait le Royaume d'affichettes révélant, sous le titre "Un écrivain sur deux est belge", les racines autochtones d'un nombre considérable d'auteurs crus français.

Dans une telle constellation, que restait-il aux Belges, et aux provinciaux, si ce n'est quelques miettes? On laissait à eux, dans l'intérêt bien compris de la place de Paris, l'impression et le façonnage des livres publiés dans la capitale. On leur abandonnait, sauf revirement de la situation commerciale, l'édition de quelques genres bien particuliers: la bande dessinée était belge comme les catéchismes et les missels se fabriquaient chez Mame, à Tours. Dans aucun de ces cas, les Belges ne songeaient d'ailleurs à en tirer motif de gloire. Témoin, par exemple, Hergé, qui, non content de le dire ("J'aurais pu naître Tchécoslovaque ou Japonais"[1]), s'efforçait de faire la chasse aux signes explicites de la belgitude dans son œuvre (l'érosion progressive du marrollien parlé en Syldavie et l'apparition d'autres langues fictives vraiment fictives montrent cependant que son œuvre n'avait pas beaucoup à y gagner[2]).

Ce tableau doit, en 1995, aussi bien être noirci que se nuancer de plusieurs manières.

L'ascendant du centre parisien a en effet commencé à se faire sentir jusque dans les domaines pris traditionnellement pour la chasse privée des Belges. Depuis plusieurs années, les Français achètent tout ce qui reste de rentable en Belgique, la cession des droits de Tintin à Canal Plus n'étant peut-être que l'exemple le plus symbolique de cette colonisation larvée.

Toutefois, force est de constater aussi qu'une réaction s'esquisse, non pas certes au profit de l'entité nationale, mais au bénéfice des régions. La communauté française de Belgique, depuis au moins une bonne dizaine d'années, tente de définir, puis d'imposer ce qu'elle croit être la spécificité de sa littérature, mettant en exergue, du coup, les pans non parisiens et non français de sa production. Le phénomène, de plus en plus voyant au sud du pays, est simple en même temps que complexe. On peut le juger simple à observer et à circonscrire, dans la mesure où il s'effectue avec une franchise et une agressivité salubres, quand bien même demeure plus qu'un soupçon de téléguidage par les bureaux du ministère (à cet égard il serait passionnant d'examiner à quel degré l'anthologie capitale que fut *Un pays d'irréguliers*[3], la carte de visite littéraire des francophones de Belgique, constitue ou non, avec ses partis pris féroces et ses non moins vigoureux refoulements, un exemple de *récriture de l'histoire*). Mais le phénomène est aussi difficile à apprécier, tant s'y entrechoquent des influences diverses: une attitude moins complexée vis-à-vis des instances parisiennes (perceptible en France comme en Belgique), les rivalités communautaires en Belgique (la promotion des lettres belges est une arme de guerre dans la défense des orphelins de la Belgique d'antan) ou encore la montée du tribalisme en général dans la société postindustrielle (militer pour les lettres belges, c'est aussi faire preuve d'une manière de "political correctness").

Les rapports de ce tableau général avec le cas fort particulier de Benoît Peeters commencent peut-être à se préciser un peu.

3.2. Bruxelles-Paris-Bruxelles

Pour grande et réelle que demeure cette convoitise avec laquelle les Belges regardent Paris, il arrive non moins que, même de nos jours[4], des auteurs français, voire parisiens, choisissent de se fixer en Belgique. Il leur arrive même de réussir à jouer sur les deux tableaux et à rester français aux yeux des Français après être devenus belges aux yeux des Belges.

L'intérêt d'un cas comme celui de Benoît Peeters, écrivain né à Paris mais installé à Bruxelles, dépasse largement le seul cadre des relations franco-belges. Il porte en effet, plus que toute autre chose, sur les modes dont se fait, aujourd'hui, une carrière d'écrivain (et, partant, sur la façon dont cet écrivain prend position par rapport aux concepts d'œuvre et de réseau). Tout indique en effet que pour Benoît Peeters la Belgique, loin d'être une simple terre d'élection ou d'adoption, représente un maillon de ce qu'il faut bien nommer une *stratégie d'écriture* en même temps qu'une *stratégie d'écrivain*. En ce sens, il serait évidemment absurde d'en limiter les enjeux à une matière de manuel d'histoire littéraire ou de fichier d'état civil.

Le problème, ici, ne se pose guère sur le plan *anecdotique*. On comprend parfaitement par quel habile dosage d'insistance et de discrétion Benoît Peeters a su mener de concert sa double carrière. Son appartenance mixte, il la doit au fait d'être très présent en Belgique comme en France, tant par le biais de ses livres qu'à travers sa participation à la vie littéraire des deux pays, ainsi qu'au fait d'être partout fort réservé quant aux questions de nationalité (en France, il évoque à peine son domicile belge; en Belgique il ne s'appesantit guère sur son passeport français -moins du reste par cachotterie ou calcul que par son amour des *villes,* qui a pour corollaire une indifférence non moins vive à l'égard des *pays*[5]).

Le problème, au contraire, doit être placé à un niveau *théorique*: il convient en effet d'envisager les rapports entre une manière d'écrire et une vie d'écrivain; d'examiner, en d'autres termes, comment le projet scriptural de Benoît Peeters se rattache directement à un projet biographique. Non que, comme dans l'acception traditionnelle, l'écriture lui serve à *s'exprimer*: pareille conception auxiliaire de l'écriture, Benoît Peeters, qui a fait ses premières armes aux côtés des Nouveaux Romanciers en général et de Jean Ricardou en particulier, n'a jamais cessé de la combattre. L'écriture fonctionne pour lui, en revanche, comme un moyen de *construire* et d'*expérimenter* une position de sujet, y compris au niveau le plus concret (comme pourrait l'être l'élection d'un domicile). Aussi est-elle, d'une part, une pratique du multiple, du divers, bref de l'*hétérogène* (l'écriture de Benoît Peeters est de celles qui surprennent toujours, non pas en raison de l'excès qui épate, mais à cause de sa trajectoire inattendue), et, d'autre part, une profession, un choix social, bref un *métier* (cette écriture est réellement un mode de vie -de vie d'*écrivain* s'entend, et non pas de vie tout court). Ici comme là, pareille posture va à l'encontre des tendances profondes de l'époque, avec sa préférence marquée pour le second métier (seul gage, assure le lieu commun, de liberté en écriture) et la spécialisation générique (si l'écrivain s'adonne à plus d'un genre, il n'est pas fréquent qu'il place tous ses pupitres au même niveau).

La grande originalité de Benoît Peeters, c'est d'avoir mené ce projet peu commun sans tomber dans les ornières habituelles; c'est aussi d'avoir ouvert un nouveau territoire (la Belgique) à la construction d'une figure et d'une carrière d'écrivain.

3.3. *Le pari belge*

Comment la Belgique intervient-elle dans l'élaboration de cette idée d'*écrivain de carrière protéiforme*?

Grosso modo, elle permet la réalisation et la fusion harmonieuses des deux exigences majeures du projet: d'une part le *professionnalisme*, d'autre part le caractère *hétérogène*, de l'écriture comme d'ailleurs de l'écrivain.

Dans un premier temps, la Belgique offre à n'en point douter de véritables filons à exploiter, qui aident l'auteur à diversifier sa production tout en le faisant vivre, plus ou moins bien, de sa plume. La Belgique est le pays où Benoît Peeters rencontre, pour déployer ses talents et envies de scénariste, des possibilités multiples qui se complètent plus qu'elles ne se gênent: en bande dessinée, un genre traditionnellement moins décrié en Belgique qu'en France, il découvre à son arrivée, en 1980, une demande certaine en matière de récit pour adultes; en roman-photo, pratique figée s'il en est, il peut très bien, mettant à profit la percée de la photographie, tenter de revivifier les lois d'un genre marginal depuis la périphérie du système littéraire français. Aucune de ces collaborations, que ce soit avec François Schuiten pour la bande dessinée[6] ou avec Marie-Françoise Plissart pour le roman-photo[7], ne reste d'ailleurs confinée à la seule sphère belge: Casterman, pour la bande dessinée, n'est pas Lombard ou Dupuis; Minuit, pour les romans-photos, est une maison littéraire de grande renommée. Ce que la production pourrait garder ainsi de "régional" est savamment dédouané. De plus, à côté de ces travaux scénaristiques[8], Benoît Peeters trouve non moins en Belgique l'occasion de certaines commandes liées à l'univers du roman-photo et de la bande dessinée: ainsi de la gestion, éditoriale et para-éditoriale, de l'œuvre d'Hergé, entre autres, et de la sienne propre (essais, expositions, direction de collections, conférences-débats). Grâce à lui, notamment, le pays peut rattraper le retard par rapport à la France qui s'était creusé, du moins en matière de bande dessinée pour adultes, depuis la fin des années 60.

Dans un second temps, et ce point est capital, la Belgique évite également à Benoît Peeters les solutions rabattues qu'adoptent les écrivains produisant dans plus d'un domaine: la discrimination qualitative, d'un côté, le clivage pseudonymique, de l'autre.

En signant, après quelques *œuvres* (romanesques), des travaux se trouvant *en-deçà* de l'œuvre (comme c'est le cas des scénarios) ou *en marge* d'elle (comme c'est le cas des commentaires ou préfaces à l'œuvre d'Hergé), Benoît Peeters s'exposait sûrement au risque de voir s'opposer son travail d'écrivain proprement dit (parcimonieux, mais fort valorisé du point de vue littéraire) et ses contributions alimentaires (aussi nombreuses que dépréciées en tant que telles dans notre système littéraire). S'il n'en est rien, c'est que, dans les genres surtout retenus, roman-photo et bande dessinée, le scénariste est *auteur à part entière*, cependant que, toujours dans ces mêmes domaines, le critique et théoricien accomplit un travail d'élucidation et de mise au point *à la limite plus prestigieux que la production des œuvres elles-mêmes* (écrire un essai de bonne tenue sur le roman-photo ou la bande dessinée force le respect, même chez le public le plus réfractaire à ce genre d'ouvrages).

Libéré de ce qui relève pour tant d'autres des contraintes honteuses du second métier, Benoît Peeters échappe à toute tentation de bâclage tout comme au subterfuge de la pseudonymie, l'adoption d'un nom de plume étant pour beaucoup l'aveu d'un manque d'intérêt pour ce qui s'écrit de la main gauche. Ne ressentant pas le besoin de s'excuser de ce qu'il fait, Benoît Peeters n'en décline jamais non plus la responsabilité par la fuite dans quelque identité seconde.

La Belgique, ainsi, par l'éventail des choix qu'elle propose, *naturalise* en quelque sorte la diversité de l'écrivain, dont les diverses mains semblent comme *motivées* par son entrée dans l'institution éditoriale et culturelle fonctionnant en marge du système français. Les divers pupitres de l'auteur ne sont pas hiérarchisés, mais se juxtaposent sans conflit, du fait même que le contexte en autorise, à la périphérie des cloisonnements dictés par le centre parisien, la tranquille cohabitation. C'est pourquoi l'éparpillement éditorial et géographique accepté, voire recherché, par Benoît Peeters, qui s'exile de France et ne s'attache guère à une maison d'édition particulière, représente un moyen, non pas d'étaler les risques, mais d'atténuer un conflit de préséances qui n'aurait pas manqué de surgir si des réalisations tellement dissemblables avaient paru chez un seul éditeur parisien.

3.4. De Peeters à Peeters

Il y a davantage, pourtant, et qui touche à l'écrivain plus qu'à sa seule écriture.

Si l'on comprend pourquoi, à la lumière de ce qui précède, Benoît Peeters a pu se passer d'un pluriel de signatures, il importe de se demander non moins pourquoi ce "pervers polymorphe de l'écriture"[9], cet écrivain si joueur et si ludique, si parfaitement au courant des mécanismes du faux et de la supercherie[10], a su *résister* aux mirages des changements d'identité.

Ici encore, le rôle de la Belgique est tout sauf secondaire. Dans le très beau texte, *Contrepoint*, qu'il a consacré à son installation définitive en Belgique, après d'innombrables va-et-vient entre Paris et Bruxelles, Benoît Peeters note à propos de son nom:

" (...) quitter son pays pour cet autre vers lequel son propre nom l'attirait, tel un aimant (nom si commun pourtant que crié dans une gare il faisait, disait-on, se retourner l'ensemble des voyageurs, chacun se croyant personnellement appelé par ce nom qui les désignait tous) (...). "[11]

Rien ne permet, bien sûr, à première vue, de privilégier ce motif au détriment de certains autres, plus directement signifiants (comme la péripétie amoureuse ou, pourquoi pas, l'argument financier, Bruxelles étant une ville moins chère que Paris). Mais pour peu qu'on regarde de plus près ce texte sans doute fondamental dans l'œuvre de Benoît Peeters et la tournure prise par son écriture, il s'avère que la problématique du nom est incontestablement l'une des causes les plus profondes de la décision de vivre en Belgique.

Dans *Contrepoint*, dont l'achevé de rédaction porte entre autres la mention "Bruxelles-Paris-Bruxelles", le déménagement est décrit à la troisième personne et inverse visiblement le repentir du protagoniste de la *Modification*, le roman de Butor rendu célèbre par l'emploi systématique de la deuxième personne, qui raconte la transformation d'un aller simple *Paris-Rome* en un aller-retour *Paris-Rome-Paris*. Or, s'il est certes frappant que le héros de *Contrepoint* ne revienne pas sur sa décision de quitter Paris, il est plus important encore de noter que cette décision obéit à une logique toute littéraire: le récit de *Contrepoint* s'appuie sur d'autres récits, la démarche du personnage calque celle d'autres personnages. Aussi n'est-il pas impossible d'en déduire que, même si le personnage non nommé du texte et le signataire Benoît Peeters ne peuvent en aucun cas être confondus, les mutations que subit le nom du personnage ne restent pas sans conséquence pour celui du signataire. "Peeters", dans cette perspective, devient un *pseudonyme au deuxième degré*, car ce qui arrive à chaque auteur qui voit son nom sur la couverture d'un livre, la dépossession de soi, se trouve ici explicité par les changements radicaux dont se voit affecté le nom du personnage, que l'on devine être "Peeters" et dont le texte souligne qu'il est aussi le nom de nombreux autres Belges.

L'affaire se corse si on tient compte du fait que "Peeters", ce possible équivalent belge de "Dupont", représente bien le contraire de ce mouvement de singularisation qui pousse un écrivain à se choisir un pseudonyme: le nom est ici banal à l'excès, proche même de l'anony-mat. Avec l'ouverture de l'œuvre en réseau, le "danger" de l'homony-mie ne fait du reste que croître: plusieurs anecdotes circulent sur les lecteurs des *Cités obscures* demandant à Benoît Peeters s'il connaît l'auteur du même nom "qui écrit sur Hergé".

Mais il convient d'aller plus loin encore. Le nom de Peeters a beau être tout à fait commun, il n'en est pas moins, par son équivalence structurelle avec Dupont, un nom déjà pris, un nom littéraire, le double d'un nom, un nom lui-même double. Dans la mesure où on le sait interchangeable avec le nom "Jansen", lequel a servi à la traduc-tion des Dupondt hergéens, Benoît Peeters s'inscrit dans une lignée, non pas d'*êtres* mais de *personnages*: autant que de transformer son nom en pseudo(ano)nyme, il en fait, par son installation en Belgique, un nom de personnage, lui-même du reste dédoublé (au lieu de "Jansen" et "Janssen", le premier traducteur de *Tintin* aurait pu prendre tout aussi bien "Peters" et "Peeters"). Il n'est pas de mesure plus radicale pour suggérer que l'écrivain est, pour reprendre l'expres-sion de Lautréamont, "fils de ses œuvres".

3.5. De Bruxelles à Brüsel

La Belgique, pour Benoît Peeters, n'est pas uniquement cet opéra-teur dans la conjonction de la vie et de l'œuvre, c'est aussi un des su-jets dont se nourrit son écriture.

A parcourir les productions de l'auteur, il apparaît que le contexte belge, au sens très lâche et large du mot, sert de décor à plusieurs de ses premiers ouvrages: *Fugues*[12], par exemple, a très manifestement été réalisé et photographié à Bruxelles; *Contrepoint*, probablement le seul texte à caractère autobiographique que Benoît Peeters ait à ce jour signé, est dominé par le passage des frontières; le travail d'Horta est constamment cité comme une des sources des *Murailles de Samaris*[13]. Mais le trait n'est jamais forcé, de sorte que le discret sceau de belgi-tude que portent les textes précités (et bien sûr quelques autres) ne re-tient pas trop l'attention. S'agissant de son ancrage géographique, l'écriture de Benoît Peeters est en effet d'une variété aussi grande que celle des genres et styles embrassés: autant que *belge*, cette œuvre pourrait se dire *française* (Benoît Peeters a débuté par une biographie imaginaire du futur nobel Claude Simon et il a consacré un essai au monstre sacré des lettres françaises qu'est Paul Valéry[14]) ou *allégo-rique* (à la manière d'un Borges, la ville de *La Bibliothèque de Villers*[15], par exemple, désigne moins quelque lieu concret qu'une mé-taphore, une véritable ville de lettres).

A mesure, toutefois, que l'œuvre progresse, deux tendances se font jour peu à peu.

La première est incontestablement la radicalisation du style nommé allégorique. La nouvelle version de *La Bibliothèque de Villers* s'est ainsi efforcée de gommer jusqu'à la moindre trace de tout "effet de référent". Les détails qui auraient pu susciter dans l'esprit du lecteur l'idée d'une ville réelle et identifiable se sont vus évacuer au profit de notations plus universelles qui tendent sans exception à contrecarrer les approches autres que littérales ou textuelles. La seconde tendance, sans doute plus immédiatement reconnaissable, emprunte une voie opposée: c'est, l'émergence, surtout dans *Brüsel*, cette fable bien nommée de la folie urbanistique[16], de la Belgique en tant que *thème*, et non plus simplement comme seul *décor*. Les réactions parfois véhémentes que cette œuvre de fiction a pu susciter, indiquent assez, quant à elles, que le public avait bien perçu ce tournant presque abrupt dans l'imaginaire des *Cités obscures*.

Entre les deux mouvements, pourtant, il y a moins contradiction que complémentarité. En effet, si l'éclatement de la production de Benoît Peeters est difficile à nier, les va-et-vient incessants d'un genre à l'autre justifient une lecture qui s'efforce d'interpréter les techniques et stratégies utilisées à la lumière et en filigrane les unes des autres.

Ainsi l'arrivée en force de fictions très "localisées" comme *Brüsel* aide à mieux apprécier ce qui sépare les ouvrages de style plus allégorique comme *La Bibliothèque de Villers* d'une écriture plus carrément abstraite qu'on trouve, par exemple, dans l'œuvre de Maurice Blanchot: chez Benoît Peeters l'effet de réel est évincé soigneusement à l'avantage d'un omniprésent effet d'écriture; cependant le ton de la *Bibliothèque* n'a rien de désincarné (ce volume reste entre autres extrêmement visuel).

De la même manière, l'importance accordée par l'auteur à ses fictions très peu naturalistes (*La Bibliothèque de Villers* est un texte sur lequel Benoît Peeters revient régulièrement), interdit que l'attention du lecteur de *Brüsel*, par exemple, s'oriente de manière exclusive ou définitive vers la recherche d'une clé. La connaissance de certains modèles donne une saveur supplémentaire, mais ne suffit en rien à la compréhension des mécanismes principaux de ce volume. Au contraire, la multiplication des petits effets de réel apparaît, vue sous cet angle, plutôt comme une preuve de la force prise par le dispositif inverse: Benoît Peeters peut jouer avec le feu du référent le plus identifiable qui soit, justement parce que son écriture est devenue assez sûre d'elle-même pour pouvoir incorporer des portions toujours plus larges et toujours plus stérétoypées des espaces qu'il aborde.

Son traitement de la Belgique, finalement, ne diffère pas beaucoup

38

de la gourmandise avec laquelle Hitchcock se plaisait à jouer avec la couleur locale des pays qu'il avait choisis comme décor de ses fictions: n'importe quoi fait l'affaire si on veut en tirer des surprises qui tiennent du texte, et non plus du seul prétexte[17].

NOTES

(1) "Conversation avec Hergé", in Benoît Peeters, *Le Monde d'Hergé*, Tournai-Paris, 1983.

(2) Pour l'effacement des signes belges, voir la contribution de Georges Sornin, "Tintin, Embajador de Bélgica", au catalogue de l'exposition *Made in Tintin*, Barcelona, Biblioteca Nacional/ AURA, 1993. Pour une analyse des langues étrangères dans les *Tintin*, voir Jan Baetens, *Hergé écrivain*, Bruxelles, Labor, 1989.

(3) Bruxelles, Labor, 1990.

(4) Après, bien sûr, la période des exilés politiques du XIXe siècle.

(5) Voir "Contrepoint", in *La Belgique malgré tout*, revue de l'Université de Bruxelles, cf. annexe 2 de ce livre.

(6) *Les Cités obscures*, aux éditions Casterman.

(7) Divers titres, essentiellement aux éditions de Minuit.

(8) Nous laissons ici de côté le travail scénaristique de Benoît Peeters au cinéma, qui pose des problèmes tout différents.

(9) Quatrième de couverture de *Prague*, Paris, éd. Autrement, 1985 (en collaboration avec Marie-Françoise Plissart).

(10) Voir surtout le pseudo-Stevenson, "L'Audacieux pari de Tommy C.rane", publié en 1984 dans le numéro 4 de la revue *Conséquences*, qui sera analysé plus loin.

(11) "Contrepoint", o.c., p. 381.

(12) Paris, éd. de Minuit, 1983.

(13) Paris-Tournai, Casterman, 1983. A ces signes de belgitude, on ajoutera volontiers, plus explicites, dans *Le Signe de Lucifer* (Paris, Nathan, 1991), les préparatifs de l'Expo 58, et, dans *Bruxelles, état des lieux* (une pochette de dix photographies de Marie-Françoise Plissart (éd. Plaizier, Bruxelles, 1992), le texte fort percutant que Benoît Peeters consacre à quelques aspects de l'art et de l'achitecture belges et bruxellois.

(14) *Omnibus*, Paris, éd. de Minuit, 1976; *Paul Valéry, une vie d'écrivain?*, Paris, Les Impressions Nouvelles, 1987.

(15) Paris, Laffont, 1980. Le volume a été réédité en 1990 aux Impressions Nouvelles, dans une version légèrement remaniée mais dans une maquette des plus remarquables due à Patrice Hamel.

(16) Paris-Tournai, Casterman, 1992. Pour une lecture fouillée, voir par exemple Thierry Groensteen, "La légende des Cités", in M. Jans et J.-Fr. Douvry, *Autour des Cités obscures*, o.c., p. 151-170.

(17) Voir l'essai de Benoît Peeters, Hitchcock, le travail du film, Paris, Les Impressions Nouvelles, 1993.

L'ECRIVAIN AU TRAVAIL

"Comment travaillent les écrivains?" Question stéréotypée entre toutes? Question mal posée, plutôt, et même doublement. C'est que, d'une part, souvent ceux qui interrogent l'écrivain s'intéressent peu à son métier[1]. C'est aussi que, d'autre part, la question est adressée à l'auteur, et non pas à son œuvre, à ses livres, pourtant mieux placés pour renseigner sur ce qui a réellement été fait[2].

On se tournera donc vers les *réalisations* plutôt que vers les *déclarations* de l'écrivain. Non pas dans le but de traquer un écart entre le dire et le faire mais afin d'échapper à toute distraction inutile d'une parole d'*auteur* que Benoît Peeters est le premier à contester. De plus, on se focalisera sur ses deux ouvrages les plus connus: *La Bibliothèque de Villers* et *La Fièvre d'Urbicande*. Tout en respectant la diversité du travail de l'écrivain-scénariste, pareille restriction permettra de certifier aussi la thèse qu'il existe, non pas *une* méthode, mais bel et bien un *esprit* capable de tirer de toute circonstance le meilleur profit possible.

4.1. Récits à faire, récits à lire

La manière de travailler de Benoît Peeters, ne disjoint pas la *production* de la *réception* du texte, l'élaboration de la reconnaissance des mécanismes de l'œuvre. Telle coïncidence, qui fonde la modernité de l'écrivain[3], est rendue possible par le fait que l'écriture de Benoît Peeters ne part pas d'idées *générales*, mais d'idées *spécifiques*, c'est-à-dire liées à un projet et à un programme qu'informent toujours un support et un matériau particuliers. Rédigeant un roman ou élaborant une bande dessinée, l'écrivain ne conçoit pas un même genre de récit, qu'il introduit alors dans le moule de deux genres différents. D'emblée, se mettent en place deux types d'histoires.

Aussi est-il bien inopportun d'examiner en quoi les volumes retenus divergent ou se ressemblent au niveau de leurs scénarios respectifs, puisque ceux-ci s'écartent l'un de l'autre dès même avant leur premier jet. *La Bibliothèque de Villers* n'est pas l'embryon, provisoirement amputé de son versant figuratif, d'une livraison encore inconnue des *Cités obscures*, tout comme *La Fièvre d'Urbicande* n'est pas la mise en images d'un récit préexistant[4]. L'écriture d'un roman ou d'une bande dessinée peut certes aboutir à une version définitive *mimant* les incomplétudes d'un synopsis[5], mais la mise au point d'un scénario n'est en rien une opération neutre par rapport aux matérialités engagées[6]. Insister sur les différences s'avérera donc plus fructueux que tout effort pour réduire ces projets à une même structure unique.

Mais il est grand temps de spécifier un peu.

Que *Villers* soit un roman policier est loin d'être un hasard: le récit d'énigme constitue en effet le genre *livresque* par excellence. Comme l'a démontré Annie Combes dans une étude fondamentale[7], les meilleurs exemples du récit d'énigme exhibent les problèmes et les enjeux de la lecture, détective et lecteurs rivalisant pour déchiffrer *au mieux* (et partant *au plus vite*) le texte que constituent les récits des témoins.

Mais là où, dans le récit d'énigme classique, l'enquêteur (c'est-à-dire finalement l'auteur) a toujours de quoi devancer le lecteur, gardant ainsi le dernier mot[8], le roman de Benoît Peeters valorise radicalement le rôle et le statut du lecteur. *La Bibliothèque de Villers* prend non seulement place dans cette catégorie de livres policiers où la clé du mystère doit être découverte par le lecteur lui-même, mais glissant d'Agatha Christie à Borges, puis à Mallarmé, il ourdit de plus une fiction d'une exceptionnelle habileté, qui débouche justement sur l'assassinat du personnage de l'auteur. Afin de lever l'énigme, le lecteur sera dans l'obligation de prendre la place du disparu et de continuer lui-même le livre. La narration de Peeters produit donc un type d'énigme dont la solution reste introuvable tant qu'on s'efforce d'y répondre dans les termes de la logique habituelle: seul est pertinent l'ordre interne du livre, que le lecteur doit en quelque sorte récrire.

Pour *La Fièvre d'Urbicande*, la configuration de base n'est pas fondamentalement différente, quand bien même le refus de toute fin directement déceptive rend le relais de l'auteur par le lecteur moins agressif. Parallèlement, l'on observe aussi, comme cela est logique, que la narration se développe de manière beaucoup plus visuelle (à cet égard, la planche inaugurale du livre, avec son cube obsessionnellement présent dans toutes les vignettes et significativement ignoré dans tous les phylactères, préfigure déjà bien l'importance qui sera celle du pôle visuel et de ses relations créatrices avec le pôle verbal). Les métamorphoses inattendues d'un simple cube, d'abord, son expansion en réseau et sa disparition, ensuite, son imitation par les habitants de la ville d'Urbicande et l'imitation du cube par celui-là même par qui tout a commencé, sont eux aussi autant de questions et d'énigmes posées au protagoniste, Eugen Robick, qui lentement se transforme d'auteur en lecteur. Appelé de par sa fonction à "refaire" la ville (en tant qu'*urbatecte* il est chargé de doter la cité de la symétrie lui faisant tragiquement défaut), il devient peu à peu, par ses diverses façons de réagir au réseau, le lecteur d'une structure qu'il a lui-même aidé à lancer.

Ces oppositions et convergences fondamentales dans la manière de concevoir un récit, *La Bibliothèque de Villers* et *La Fièvre d'Urbicande* les font retrouver à bien d'autres niveaux encore. La prise en considération du support spécifique comme la mise en exergue de la lecture induisent non moins un traitement particulier des *motifs* et du *style*. Alors que dans les deux cas le récit ne cesse de se montrer du doigt, il ne le fait pas de façon identique (ni dans la même mesure), les emblèmes verbaux n'étant pas les emblèmes dessinés. De part et d'autre aussi, l'insertion concrète de motifs dans le récit global, accuse certes des correspondances, mais jamais au point de céder aux facilités d'un style uniforme ou mécanique.

4.2. D'un emblème l'autre

S'agissant des emblèmes, c'est-à-dire des motifs de l'histoire inventés au contact de la forme choisie et susceptibles de désigner en retour cette origine matérielle, *Villers* se montre incontestablement plus inventif et prodigue qu'*Urbicande*, où l'essentiel se joue manifestement ailleurs.

Dans l'album, le rôle des emblèmes est tenu surtout par le cube de Robick et sa prolifération en réseau, plausibles métaphores d'une bande dessinée très librement issue d'une spéculation sur une mise en page donnée, la vue d'une planche divisée en six cases égales amenant l'idée d'une forme, *autre* parce que *tridimensionnelle*, à six côtés identiques. Rapidement, il s'avère cependant que le maintien de tel angle de lecture ne rend guère justice à un album très dense, mais sur de tout autres plans. S'il n'est pas exclu de retrouver dans *Urbicande*, jusqu'à une certaine hauteur, les mêmes préoccupations formelles que dans *Villers*, l'album se distingue surtout par sa plus grande épaisseur thématique (dimension que *Villers*, sous peine de masquer son propos central, ne peut que s'interdire). Plus qu'une fiction autoréférentielle, *La Fièvre d'Urbicande* développe -et la valeur active du verbe mérite ici d'être soulignée- une méditation sur les rapports entre urbanisme et politique, sur l'engagement de l'architecte comme professionnel, artiste et citoyen, sur la nature du pouvoir, sans oublier les clins d'œil, déjà nombreux, à de cocasses situations parfaitement reconnaissables, belges et universelles à la fois.

Dans *Villers*, par contre, l'emblème est omniprésent et plus varié[9]. L'intrigue d'apparence policière multiplie les métaphores de l'écriture, dont trois groupes au moins s'imposent vite à l'attention: d'abord les occurrences du *noir* et du *blanc*; ensuite les variations sur le motif de l'étoile ou de la constellation, figures symboliques du texte moderne; enfin les métamorphoses du chiffre 5, qui fournit la base numérique de la composition du roman.

Si toutefois, à ce niveau d'extrême généralité, la distinction des deux classes d'emblèmes ne saute pas encore aux yeux, les détails du récit indiquent que le statut des emblèmes n'y est pas du tout le même. Pour expliquer cette différence, il ne suffit pas de faire remarquer qu'entre les emblèmes et le récit il se produit un saut qui est plus notable dans un roman que dans une bande dessinée. Il semble bien en effet qu'un récit visuel soit plus proche de ses emblèmes et générateurs qu'un récit proprement verbal (il est ainsi possible de raconter une histoire visuelle en modulant certaines formes de base à caractère autoréflexif[10]). Le récit verbal, en revanche, implique un changement de niveau sans lequel le paramètre narratif ferait en quelque sorte défaut. Bien plus significative est ici la nature du projet global qui investit les emblèmes des deux ouvrages. Dans *Urbicande*, l'attention se déplace de plus en plus vers des thèmes non littéraux, si bien que l'excessive mise en valeur des emblèmes autoréférentiels créerait de sérieuses perturbations de la lecture, empêchant sans doute l'histoire de "prendre" comme d'être prise au sérieux. Dans *Villers*, par contre, l'énigme à percer est l'objet d'une telle hantise que détourner l'attention du niveau emblématique du texte interdirait par exemple au lecteur, comme il sied pourtant dans ce genre d'ouvrages, de vouloir comme de pouvoir rivaliser avec le narrateur du livre.

4.3. La valeur emblématique du style

Unis et séparés en même temps, *La bibliothèque de Villers* et *La Fièvre d'Urbicande* semblent radicalement se tourner le dos sur le plan de leurs styles respectifs. A prime abord, opposition plus franche paraît difficilement imaginable, tant les deux narrations épousent des partis antagonistes.

Le rythme narratif, ainsi, est fort rapide dans le roman, où il va d'ailleurs augmentant sans cesse, jusqu'à la brutale interruption finale: la lecture halète et s'écrase alors contre l'avertissement de la patiente relecture. A la différence de *La Bibliothèque de Villers*, tout entier tendu vers son dénouement énigmatique, la bande dessinée de François Schuiten et Benoît Peeters incorpore toutes sortes de techniques dont l'effet majeur est un relatif arrêt sur l'image (elles vont de l'intégration d'éléments scripturaux, par exemple, au penchant marqué pour les vignettes très larges, à parcourir comme un texte de gauche à droite[11]). De plus, le déroulement de l'intrigue dans *La Fièvre d'Urbicande* ne se fait pas à un rythme unique, mais connaît bien, outre des variations de tempo, des ralentissements et des plages immobiles. Corollairement l'intrigue ne sacrifie pas non plus à la coïncidence de la clôture du récit avec une puissante révélation lectorale. Son registre n'est pas celui du roman d'énigme; plutôt est-il de l'ordre de quelque méditation philosophique: moins tendu vers sa leçon finale, l'intrigue procède plutôt par retouches successives d'une problématique clairement énoncée dès le début.

De la même manière, l'on peut observer que l'argument de *La Bibliothèque de Villers* n'a pas la moindre "graisse", tandis que *La Fièvre d'Urbicande* ne répugne point à s'orner de force excroissances diégétiques ou décoratives. Sans pour autant être "décharné", le rapide enchaînement des séquences dans le roman donne l'impression, non pas de n'être qu'une *ébauche* de récit, mais d'avoir fait l'objet d'une *récriture raccourcissante*: plus qu'un *scénario*, il évoque le *digest* au présent historique. La bande dessinée par contre semble disposer d'une structure capable d'absorber harmonieusement les alluvions les plus variées. Dans ses dispositifs abstraits se coule un véritable univers, mi-imaginaire, mi-vérifiable, avec les ramifications les plus surprenantes dans le temps et dans l'espace[12]. Géométrisé à l'extrême dans *La bibliothèque de Villers*, somptueusement détaillé jusqu'en ses couleurs les plus locales dans *Urbicande*, le traitement opposé du décor témoigne en abondance du mur qui se dresse entre les pratiques examinées.

L'apparente opposition s'atténue un peu lorsqu'on replace la discussion au niveau du problème de la spécificité. Analysées dans cette perspective, l'exubérance du récit dessiné et la pureté de la narration écrite rehaussent chacune à sa manière un trait déterminant de la matière explorée. Ainsi l'absence de toute digression grossit-elle, dans *La Bibliothèque de Villers*, l'influence qu'exerce la ligne, alors que la pléthore encouragée par *La Fièvre d'Urbicande* reflète incontestablement, à l'intérieur de chaque vignette, la prolifération d'images dans laquelle toute case se trouve emboîtée. Quel que soit donc le degré de dissymétrie entre les deux types d'écriture pratiqués par Benoît Peeters dans *La Bibliothèque de Villers* et *La Fièvre d'Urbicande*, la profonde unité de son travail se situe à hauteur de cette prise en considération, toujours renouvelée et toujours vivace, du pluriel irréductible des projets.

Benoît Peeters

La
bibliothèque
de
Villers

roman

Benoît Peeters

La
bibliothèque
de
Villers

roman

◇

Deuxième édition, revue par l'auteur

La bibliothèque de Villers

sera le plus clair de mes journées, le mieux est, me semble-t-il, d'habiter à proximité. Ayant appris que celle-ci n'est située qu'à quelque cinq cents mètres de la gare, en plein centre de la ville, je choisis de m'y rendre à pied. Ma mauvaise impression de la veille est en partie dissipée par cette promenade. Le soleil qui joue sur le givre ne l'a pas encore fait fondre et cette lumière hivernale n'est pas sans cachet. Je reconnais aisément le grand bâtiment d'une blancheur éclatante. Son architecture massive correspond bien à la description qui m'en a été donnée. Sur sa façade, fraîchement ravalée, se détachent les grosses lettres noires des mots:

10

bibliothèque
de
Villers

ill. 1 - 3

I l est près de minuit lorsque j'arrive à Villers. Depuis plusieurs minutes déjà, par la fenêtre de

V êtu de blanc, le corps d'Ivan Imbert est découvert le 1er décembre dans l'après-midi, à

R elier ce crime à celui qui, quelques semaines plus tôt, a coûté la vie à Ivan Imbert,

E dith revient à Villers le 5 février. Contrairement à ce que je redoutais (mais après

L a mort d'Edith me plonge dans le découragement. A l'idée que tout est terminé, s'ajoute le

ill. 4 - 6

4.4. Avatars de la réécriture

De même que *Villers*, on l'examinera bientôt plus en détail, est un texte inachevé, à compléter par le lecteur, de même la structure circulaire d'*Urbicande* apporte une preuve supplémentaire du rôle nouveau que Benoît Peeters construit pour son lecteur.

Le va-et-vient entre production et réception excède toutefois la seule question de la lecture active, créatrice, des structures proposées par l'écrivain. Régulièrement, il arrive en effet que ces lectures portent à conséquence pour la lettre même du travail concerné, qui se voit alors changé dans sa matérialité même.

Cette modification peut émaner de l'écrivain même, qui profite souvent d'une réédition pour intégrer à l'œuvre les effets de sa propre relecture, ou des diverses catégories de lecteurs, qui collaborent ainsi au cheminement du travail, soit en creusant l'œuvre à la suite (et à la place!) de l'auteur, soit en suggérant des pistes que l'auteur a tout loisir d'intégrer à son travail. Ici comme là, néanmoins, c'est la réciprocité de l'écriture et de la lecture qui se trouve clairement affirmée. Rien ne sépare, de ce point de vue (la précision, certes, n'est pas de détail), la version définitive de *La Fièvre d'Urbicande*, où Benoît Peeters introduit, au moyen d'une postface très copieuse, de nombreux éléments apportés par les réactions des lecteurs[13], et la traduction graphique qu'a pu donner de *La Bibliothèque de Villers* le maquettiste Patrice Hamel.

Afin de montrer jusqu'à quel point le travail de Benoît Peeters est complété par celui de ses lecteurs, on commentera pour terminer quelques-unes des transformations apportées par cette nouvelle mise en pages du roman[14]. Pour radicale qu'il puisse apparaître, cet exemple prouve très bien le caractère foncièrement poreux du réseau Peeters, que son auteur accepte d'abandonner à d'autres pourvu que s'en respectent les règles et les intuitions fondamentales.

Une des mesures les plus voyantes de Patrice Hamel porte sur l'assimilation typographique des deux zones que tout livre inévitablement combine: l'*œuvre* proprement dite, d'une part, les éléments *périgraphiques*, d'autre part. Quand bien même la disparité de ces deux versants du volume n'est, bien entendu, jamais totale, l'alignement formel de l'un sur l'autre reste une pratique pour le moins insolite. La force de cette bipartition conventionnelle du livre ne s'explique du reste que trop aisément, puisque la séparation de l'œuvre et de son cadre crée une division sans laquelle l'œuvre serait menacée dans sa nature. Tout en identifiant le volume qu'elle entoure, la périgraphie fonctionne en effet comme une sorte de barrière entre l'œuvre et la totalité des autres publications qui ont besoin à leur tour, pour exister en tant qu'entités autonomes, d'un garde-fou périgraphique. Il s'y ajoute que la séparation de l'œuvre et de son cadre ne renforce pas peu le mécanisme de l'illusion référentielle: dans la mesure où l'appareil périgraphique est capable de se substituer à l'œuvre-même (on admet par exemple que *La Bibliothèque de Villers* peut être résumé par son titre), l'idée s'insinue que les divers aspects matériels des signes représentent une dimension moins importante que leur signification, qui revêt sans difficulté les formes les plus hétérogènes.

Comme metteur en pages d'un roman qui combat vigoureusement l'illusion référentielle, Patrice Hamel opte pour la mise en question *indirecte*[15], plus retorse mais sans doute aussi plus pernicieuse, de la dichotomie de l'œuvre et de son cadre.

Dans un premier temps, la rupture entre œuvre et périgraphie semble respectée fort sagement. Il s'établit en effet un vif contraste entre l'allure conventionnelle de la première page du récit même et la structure formelle répétée obstinément tout au long des volets périgraphiques inauguraux. Dans cette zone antérieure à l'ouverture du roman proprement dit, le lecteur découvre entre autres une page de titre recopiant littéralement, contre tout usage reçu, les aspects matériels des unités venues de la première de couverture (voir ill. 1 et 2): le cadre ne disparaît pas, le logo des Impressions nouvelles ne change pas de taille et reste tourné de 45, l'alignement et le corps du titre et du nom de l'auteur demeurent invariables. Systématisée par le verso de la page de titre et la page d'exergue en regard, cette "conjugaison" d'un seule modèle de départ, est brusquement freinée au moment du passage à la partie romanesque, qui adopte une typographie qu'un jugement rapide trouverait plus anonyme. Le choc est donc maximal lorsqu'il s'avère, dès que la première page de l'œuvre même est tournée, puis à d'autres endroits du volume, que le cours tranquille du roman est suspendu par une suite de corps étrangers obéissant aux lois du palimpseste périgraphique. A la page 10, par exemple, au moment où le narrateur s'apprête à lire l'inscription sur le fronton de la bibliothèque de Villers, le défilement des lignes s'arrête au milieu du feuillet et l'on trouve à la page suivante, disposés exactement comme sur la couverture et sur la page de titre, trois des quatre mots de l'intitulé du roman (voir ill. 3).

La reconstitution de ce type de fonctionnements sera le sésame qui ouvrira les portes de *La Bibliothèque de Villers*.

C'est ainsi que le maquettiste trouve une solution fort intéressante, et de nouveau indirecte, à l'intégration matérielle du dessin de couverture réalisé par François Schuiten.

Au seuil de chacun des cinq chapitres, deux "ornements" reviennent invariablement: une étoile à cinq branches faisant office de tête de chapitre et une lettrine légèrement détachée de l'incipit. Le retour de ces figurines impose vite une loi.

S'agissant des premières, les cinq étoiles, il existe un décalage étonnant entre leur position sur la page, qui est immuablement centrée, et la diversité des lieux d'où proviennent les illustrations dont elles délimitent les contours. Les images qui s'incrustent dans les étoiles s'avèrent en effet prélevées sur le dessin de couverture selon le mécanisme même qui oriente la localisation des crimes (voir ill. 4 et 5). Dans la fiction les quatre premières victimes tombent à des endroits qui, reliés, forment les angles d'un carré, le meurtre final se produisant "à l'intersection des diagonales du précédent carré et au centre exact de Villers" (p. 79). Reportées sur la couverture, les quatre premières étoiles composent également un carré dont l'angle inférieur gauche est défini par l'unique personnage visible. Le mystère étant à découvrir dans le livre même, c'est sur le blanc de la place, c'est-à-dire de la page, que se referme logiquement la dernière étoile.

La rigueur sérielle dans l'établissement des têtes de chapitre fait pressentir d'emblée une cohésion semblable au niveau de l'agencement des lettrines. La juxtaposition des cinq incipits montre aussitôt que le rentré de paragraphe dans un chapitre donné est toujours fonction de la place qu'occupe sa première lettre dans le mot-phare du volume: LIVRE (voir ill. 6). La postposition de la lettre L n'est pas étrangère à la logique particulière du carré illustrée par les étoiles: ce léger écart rappelle utilement que le chiffre 5, dans *La Bibliothèque de Villers*, se décompose en fait en deux parties inégales, 4 + 1, l'élément capital (l'assassinat de l'auteur, la première lettre du titre, par exemple) se mettant toujours en valeur par sa place plus surprenante.

Si la manière de travailler de Benoît Peeters ne peut donc se penser qu'au pluriel, la comparaison filée de deux ouvrages que tout, a priori, semble opposer irréductiblement, suggère pourtant que les soucis fondamentaux de l'auteur restent aussi en place quand il migre d'un projet à l'autre.

Le problème agité dans le chapitre suivant apportera à ce dossier des éléments peut-être décisifs.

NOTES

(1) A cet égard, le questionnaire rédigé par Anita Van Belle, *Comment écrivent-ils?*, o.c., est en général plus intéressant que les listes convenues révélant surtout beaucoup de curiosité de la vie (et non pas du métier) de l'écrivain.

(2) Si Benoît Peeters se prête de bonne grâce aux interrogations qui lui vien-

nent de tous côtés, c'est néanmoins aussi pour rappeler la priorité que doit garder le travail réalisé, qu'il s'agisse ou non de littérature, comme en témoigne significativement son éloge du cuisinier Willy Slawinski, le chef regretté d'*Apicius*, cf. "Vers la cuisine pure", in *Conséquences* n° 2, 1984.

(3) Le chapitre suivant tentera de reprendre cette constatation empirique sur un plan plus théorique.

(4) Beaucoup de projets *intermédia* fonctionnent selon cette méthode dont les résultats sont presque toujours détestables. Une exception relative en serait donnée par E.P. Jacobs, dont on sait qu'il rédigeait d'abord sous forme de roman ses albums très littéraires.

(5) Comme le prouvent certains écrits de Borgès, entre autres dans *Fictions*.

(6) Pour plus de détails sur le scénario, voir l'ouvrage collectif dirigé par Benoît Peeters, "Autour du scénario", *Revue de l'Université de Bruxelles*, 1986-1/2.

(7) Annie Combes, *Agatha Christie, l'écriture du crime*, Paris, Les impressions nouvelles, 1989.

(8) Dans le cas contraire, on dira que le roman est... raté!

(9) Pour plus de détails, voir la lecture de Jean-Claude Raillon, "Le texte, grosso modo", in *Conséquences* n° 6, 1986, p. 6-26.

(10) Une preuve très concluante est fournie par l'album de Martin Vaughn-James, *La Cage*, Paris, Les impressions nouvelles, 1986, que Benoît Peeters d'ailleurs a postfacé (et fait traduire de l'anglais).

(11) Pour une vue d'ensemble de ces procédés de ralentissement, voir Thierry Groensteen: "Entre monstration et narration, une instance évanescente: la description", in Pascal Lefèvre (éd.), *L'image BD*, Leuven, éd. Open ogen, 1991.

(12) Cf. Benoît Peeters, "Petit guide des Cités obscures", in *Les Saisons*, n° 1 et 2, 1991. L'article cité de Thierry Groensteen, "La légende des Cités", creuse intelligemment ce type de correspondances.

(13) De nombreux autres exemples sont fournis par Benoît Peeters même dans son article "Une exploration transmédiatique: *Les Cités obscures*", à paraître dans les actes du colloque sur "L'adaptation" (Cerisy, août 1993).

(14) Rappelons que l'édition originale de ce roman, aux éditions Laffont, était, de ce point de vue-là, parfaitement traditionnelle.

(15) En tant que maquettiste de la revue *Conséquences*, il avait par contre opté pour la méthode directe, cf. notre article "Une revue à mesure", in *Communication et langages*, n° 85, 1990.

BENOIT PEETERS, ECRIVAIN MODERNE ?

5.1. Une question et comment la poser

Pour les lecteurs de Benoît Peeters, il n'est pas de question plus lancinante. Car si la métamorphose de l'œuvre en réseau, pour mal comprise qu'elle demeure, est une décision absolument moderne, il arrive que la facture de plusieurs de ses composantes donne en revanche l'impression d'une approche classique.

De cette contradiction de l'ensemble et de ses parties, la remarquable diversité du travail de Benoît Peeters ou l'éclatement poussé de son lectorat ne peuvent plus être invoqués comme prétexte ou alibi. Loin de seulement s'adapter aux différents types de lecteurs visés, qui férus de modernité, qui plus attirés par un type de narration ayant fait ses preuves, le réseau Peeters semble évoluer en effet, pour qui le regarde plutôt de loin, en direction d'une écriture plus traditionnelle qu'à ses débuts. Mais rien ne permet de conclure déjà que pareil jugement correspond à l'évolution réelle de l'écrivain.

Le tournant pris par le réseau constitue-t-il une trahison des professions de foi modernistes qui sous-tendaient un livre comme *La Bibliothèque de Villers*? La modernité de Benoît Peeters se vit-elle prioritairement sur le mode et sous le signe de la nostalgie? Est-il possible, pour un écrivain du réseau, de *continuer* à être moderne? Plus crûment encore: que reste-t-il du réseau même si ses fragments retournent en catimini aux modèles honnis de l'œuvre traditionnelle?

La cacophonie qu'engendre toute discussion sur le concept de modernité oblige cependant à mieux faire la part des choses et à prendre certaines précautions terminologiques. Avant de prononcer un verdict, il est essentiel de reconstruire attentivement la question de la modernité telle que Benoît Peeters l'a lui-même rencontrée au moment de la mise en place des premiers segments du réseau.

5.2. Autour de la lecturabilité

La modernité, en fait, est double, dans la mesure où elle concerne autant l'élaboration que la réception de l'œuvre.

Le premier aspect, aujourd'hui largement connu, découle de la mise en cause de l'inspiration, mythe romantique par excellence dont l'ébranlement a été un des moteurs historiques de la modernité. L'écrivain moderne, qui a quelque chose *à faire* plutôt que quelque chose *à dire*, ne fait plus dépendre son écriture de la dictée des muses ou des chuchotements de l'âme, mais cherche au contraire à déclencher et à poursuivre le travail créateur au moyen d'une pluralité de dispositifs matériels. L'écriture se développe sous l'impulsion de consignes et de schémas formels. A la manière des auteurs classiques, l'écrivain moderne travaille en fonction de règles préexistantes. Mais à la différence des classiques, le moderne n'utilise guère cette base formelle pour y couler un message, mais s'en sert pour faire émerger les idées, cédant, comme l'exprima si bien Stéphane Mallarmé, *l'initiative aux mots*.

Le second versant de la modernité, qui concerne la réception, reste, lui, mal connu: beaucoup d'écrivains proches de la modernité le refoulent énergiquement, dans un geste paradoxal qui n'est pas sans trahir la permanence d'une certaine position d'auteur. L'intervention de Benoît Peeters en la matière n'en sera donc que plus décisive.

Dans *Les Bijoux ravis*, étude intitulée significativement "une lecture moderne de Tintin"[1], Benoît Peeters introduit un concept dont la fortune critique, dans les milieux préoccupés par la question du moderne, n'a cessé de s'affirmer: la *lecturabilité*. Reprise et amplifiée par les soins de Jean Ricardou, entre autres[2], la lecturabilité s'oppose radicalement au concept mieux connu de *lisibilité*, qui regroupait jusquelà un certain nombre d'opérations malheureusement confondues. A la différence du lisible, catégorie *psychologique* renvoyant au caractère intéressant ou agréable à lire d'un texte, le lecturable s'affiche comme une catégorie *technique* désignant la nature déchiffrable, à qui accepte de lire vraiment, des opérations textuelles accomplies noir sur blanc. Un écrit donné, on le comprend, peut très bien être supérieurement lisible et totalement illecturable[3], ou, bien sûr, l'inverse.

Au moyen de cette antithèse, Benoît Peeters ouvre alors le procès d'une certaine tradition du moderne, celle justement qui se désintéresse des enjeux de la lecturabilité.

Secouant les certitudes de plus d'un moderniste chevronné, les analyses de Benoît Peeters ont permis de rompre, d'une manière fort salubre, avec la manière habituelle, empêtrée de polémiques et de partis pris subjectifs, dont s'était pensé le débat sur la modernité. Aux couples psychologiques *ancien/moderne*, *j'aime/je n'aime pas* ou encore *lisez/ne lisez pas*, se préfèrent maintenant des interrogations techniques sur la lecture. Le texte qui se veut moderne, est-il aussi lecturable? En partie ou totalement? De quelle façon garantir le déchiffrement d'une opération? Quels rapports existent entre lecturabilité et lisibilité?

Si la lecturabilité ne prétend pas dire le tout de la modernité, elle a quand même l'immense mérite d'assurer une meilleure prise en considération des rôle et place du lecteur, ou plus exactement des effets de lecture autorisés ou interdits par un texte.

La modernité, dans cette perspective, s'éloigne définitivement d'une conception axée sur le dogme du nouveau pour le nouveau, favorisant plutôt une idée du texte susceptible de mettre un terme à l'opposition trop admise de l'auteur et du lecteur ou, plus généralement, de l'écriture et de la lecture. Appuyé sur l'observation souvent refoulée qu'il est impossible d'écrire sans lire et de lire sans également écrire, sous peine d'en rester à une répétition mécanique, cette approche du moderne préconise aussi un type de texte bien différent du canon moderniste. Elle continue certes à plaider en faveur d'une écriture qui, tournant le dos aux rapports directs entre le texte et la psychologie de l'auteur ou entre le texte et les événements du monde, explore les possibilités d'un matériau bien spécifique, en l'occurrence les signes du langage écrit et le support de la page et du livre. Mais elle exige non moins impérativement que les opérations mises à l'œuvre par l'auteur puissent être repérées, comprises, voire prolongées ou transformées par le lecteur désireux d'en prendre le relais. De la même façon, aux chants des sirènes du neuf pour le neuf, elle préfère l'approfondissement et la variation de modèles déjà accomplis, mais inachevés ou inaboutis: le geste de l'écrivain, ainsi, se fait identique à celui du lecteur décidant d'écrire à son tour. Enfin, et cette caractéristique est fondamentale, elle s'efforcera de mettre en scène, à l'intérieur, ce nouveau statut de la lecture, en y injectant à la fois des vides et la possibilité de faire de l'œuvre une relecture créatrice, *en spirale*.

5.3. *Le combat des modernes*

Fort de ce nouveau regard sur l'écriture moderne, Benoît Peeters peut laisser entendre, au début des années 80, une voix non conformiste L'époque est aux revirements, et pour la première fois sans doute dans l'histoire récente, le principe du moderne se voit mis en question par ses partisans mêmes[4]. Une réaction antimoderne se cristallise en effet et ce mouvement, aussi complexe et protéiforme que rapidement victorieux[5], s'attaque surtout, dans le domaine littéraire, au manque de lisibilité et à l'absconse prétention des auteurs d'avant-garde. On retourne aux concepts déclarés "périmés" vingt ans plus tôt[6]: récit, personnage, psychologie de l'auteur, description du monde extérieur. On s'engage particulièrement à ne plus jamais ennuyer: apostropher et séduire le lecteur moyen, obtenir à tout prix les suffrages du grand public, ne sont plus des actions méprisables.

Benoît Peeters n'est pas le seul à réagir contre cet air du temps, qui est moins d'émulation que d'enterrement d'une modernité de plus en plus coupée du public encore tout acquis à sa cause dans la décennie précédente. Un auteur comme Renaud Camus, par exemple[7], dont les liens avec le réseau Peeters seront discutés plus loin, porte sur ce refus le même sévère diagnostic:

"La scie journalistique quant au Nouveau Roman, depuis plusieurs années déjà, c'est qu'il n'est plus nouveau, ce qui est exact, et qu'il est "dépassé", ce qui malheureusement est moins sûr. Car ceux qui veulent si vite l'enterrer ne l'ont guère fréquenté, pour la plupart, et ne sont pas très familiers, c'est le moins que l'on puisse dire, de ce qu'il a à offrir. Comment pourraient-ils revenir à ce qu'ils n'ont jamais quitté? Comment pourraient-ils rendre désuet Claude Simon s'ils écrivent comme Hervé Bazin? (...) Qu'il soit temps d'aller *au-delà* du Nouveau Roman, c'est très vraisemblable, et il est bien possible même que cet *au-delà* implique un *retour* à des formes combattues ou négligées par lui: encore faut-il que ce retour soit informé, instruit par l'expérience."[8]

Benoît Peeters va cependant plus loin: outre sa critique du refus de la lecturabilité, il produit, avec cette *Bibliothèque de Villers* qu'il faudra réexaminer sous cet angle précis, la plus belle des preuves de la réconciliation possible du moderne, du lisible et du lecturable.

Un exemple permettra d'élucider tout d'abord les exigences de Benoît Peeters en matière de modernité. A l'occasion du colloque de Cerisy sur Georges Perec, qui a vu la consécration de cet auteur par le monde universitaire, Benoît Peeters s'est en effet interrogé sur un livre qu'il fut pourtant un des premiers à saluer comme un chef-d'œuvre de la littérature narrative moderne: *La Vie mode d'emploi*[9]. Parangon de la modernité éclairée, celle qui réprouve l'obscurité, celle aussi qui ne dédaigne pas le plaisir du lecteur, le livre de Perec constitue dès lors une cible tout sauf indifférente. Or, si Benoît Peeters revient sur ce texte, c'est non point pour en minimiser les mérites intrinsèques, mais afin d'examiner certaines lacunes de ce texte en matière de lecturabilité.

Le problème majeur de *La Vie mode d'emploi* est simple: l'écriture du livre, d'un côté, et sa lecture, de l'autre, s'avèrent résolument disjointes. Produit à partir d'un cahier des charges très circonstancié[10], *La vie mode d'emploi* est un texte qui se lit d'autant plus facilement comme un roman que Perec a pris soin de gommer toute trace du travail d'élaboration du livre. Suivant le conseil de Raymond Queneau, l'auteur a retiré l'échafaudage après la finition des travaux[11], de sorte qu'il est impossible au lecteur de comprendre, à partir des seules informations données dans l'ouvrage, la manière dont le texte est fait. La décision de Perec, qui augmente sans conteste le plaisir du lecteur, a donc des conséquences néfastes sur la lecture. Comme le résume Benoît Peeters lui-même:

"Il est temps de le faire paraître: cette dissimulation des contraintes (...), loin d'ouvrir à la lecture de nouveaux horizons, arrête triplement son cheminement.

Elle l'arrête une première fois lorsque l'ignorance des contraintes rend opaques un grand nombre de fonctionnements du texte. (...) Elle l'arrête une deuxième fois lorsque le méthodique débusquage des contraintes incite à chercher hors du texte les informations les plus décisives. (...) Elle l'arrête une troisième fois lorsque l'euphorie de la découverte conduit le décrypteur à se saisfaire de ce qu'il a trouvé, négligeant des pistes plus simples peut-être mais guère moins importantes."[12]

En marge de ces critiques, et comme pour mieux en affûter les pointes, Benoît Peeters produit aussi un de ces textes à la fois lisibles et lecturables, à relire infiniment "en spirale", qu'il appelle de tous ses vœux: *La Bibliothèque de Villers.*

Apprécié des amateurs de romans policiers, mais encore trop peu connu encore du grand public, ce court roman est une œuvre suprêmement moderne.

En premier lieu *Villers* métamorphose finement un type d'écriture du passé, acceptant par surcroît de parler avec la voix des autres au lieu de rechercher coûte que coûte l'appropriation d'un style "original": Benoît Peeters relit intelligemment Agatha Christie, tout comme il ne cache pas ce que l'intrigue doit au Borges des *Fictions*. Il s'y ajoute que l'ouvrage prend soin de sa propre lisibilité comme de la lecturabilité fort détaillée de ses opérations: en tant que polar, le texte de Benoît Peeters honore parfaitement son contrat, puisqu'il tient son lecteur en haleine de la première à la dernière page, s'achevant même sur un suspense proprement insupportable; en tant qu'écrit soumis à la sagacité du lecteur, *La Bibliothèque de Villers* n'est pas moins réussi, dans la mesure où il s'agit d'un texte explicitement ouvert, que la lecture *doit* continuer, c'est-à-dire reprendre *autrement*, si elle veut venir à bout des mystères du roman. Dans *La Bibliothèque de Villers*, on sait l'ouverture finale criante, et les lignes que voici, à la fin du livre, s'opposent littéralement à tout commentaire qui ne soit pas de l'ordre d'une nouvelle lecture, voire d'une véritable réécriture du texte:

" La vérité se révèle à moi dans son étrange clarté. Je la déchiffre sous chaque phrase (...), presque sous chaque mot, comme si un texte second, jusque-là invisible se livrait au regard. (...) Cette vérité qui concilie tous les points précédemment compris et les fait aboutir à un résultat d'une tout autre envergure, il ne me servirait à rien de la dévoiler à la police. Maintenant flagrant pour moi, ce résultat ne peut le devenir pour d'autres qu'à repasser par chacun des points que j'ai traversés.

Cette vérité, je le comprends, c'est dans le récit que je vais entamer des événements, récit qui s'ouvrira sur mon arrivée à Villers et s'achèvera avec mon départ, qu'elle trouvera sa vraie place. C'est dans un livre qu'elle doit être consignée, ce lieu étant le seul où le problème puisse s'exposer dans les termes mêmes où il est apparu. Dans ce livre, le mot de l'énigme ne sera jamais livré, car le texte en son entier ne cessera de l'épeler pour désigner l'étrange objet dépassant celui-là qui le conçut à l'initiale. Ainsi ceux qui véritablement le liront seront seuls à même de le comprendre. Les autres n'auraient de toute façon jamais pu saisir la solution."

Si la preuve déterminante du rôle nouveau de la lecture et partant de la modernité est bien sûr l'inachèvement du texte, le grand nombre d'études critiques, puis la refonte du volume par le maquettiste de la deuxième version, prouvent amplement que pareille relecture, loin de relever de la simple pétition de principe, a vraiment eu lieu.

5.4. La modernité, une phase?

La Bibliothèque de Villers, dont le prestige s'est affermi peu à peu, cautionne la modernité de Benoît Peeters en même temps qu'elle la mine de façon insidieuse. Tel est en effet le bonheur de ce volume, du point de vue concerné, que la question de ses rapports avec le réseau ne manque pas de se poser rapidement. L'ambition de *La Bibliothèque de Villers* imprègne-t-elle l'ensemble du réseau? Se maintient-elle tout au long de ses ramifications? S'agit-il seulement d'une phase, passagère somme toute, de l'évolution du réseau?

Répondre par l'affirmative à la première de ces questions n'a rien d'ardu: d'autres écrits de Benoît Peeters se lisent et s'analysent comme des textes modernes (c'est le cas, entre autres, de la plupart des romans-photos réalisés avec Marie-Françoise Plissart), alors qu'à la lumière de *La Bibliothèque de Villers*, bien des travaux de facture apparemment plus traditionnelle se prêtent également à ce genre de lecture. Mais il est moins facile de savoir s'il y a ou non césure entre un début ouvertement moderniste et la production récente moins directement soucieuse de mécanismes pareils.

En fait, les soupçons quant à l'éventuel abandon de l'écriture moderne naissent surtout de la construction de l'œuvre en réseau. S'il est incontestable que des romans-photos comme *Droit de regards* (1985), *Le Mauvais œil* (1987) ou *Aujourd'hui* (1993), sont, à plus d'un égard, tout aussi modernes que *La Bibliothèque de Villers*, la nature même du genre qui est le leur condamne ces expériences, indépendamment de leur succès ou de leur échec en librairie, à une marginalité certaine qui gauchit la perception du moderne à l'intérieur du réseau Peeters. Les productions les plus modernes restent en effet, par définition *et* par le type de collaboration choisi, peu connues des lecteurs, de sorte que l'idée d'un fléchissement de l'écriture moderne se fait spontanément jour.

Elle le fait d'autant plus fermement que du côté des livres mieux accessibles au grand public, la présomption qu'il y a eu, insensiblement, érosion du projet moderne est alimentée par plusieurs indices. L'évolution des *Cités obscures* est à cet égard parlante, du moins pour le public qui s'en tiendrait aux grands succès de la série (certains épisodes, comme par exemple *Le Musée A. Desombres*, permettraient en effet de nuancer, voire de contredire l'image partielle que conservent des *Cités obscures* la majorité des lecteurs). Le volume inaugural de la série, *Les Murailles de Samaris*, s'avère encore très marqué par l'esprit moderne de la première période, notamment dans sa contestation de l'illusion référentielle: l'aveuglement du protagoniste, qui n'arrive pas à se libérer de son mirage, y contraste en effet avec l'apprentissage du lecteur, lequel cesse peu à peu d'imaginer un monde en trois dimensions là où il n'est qu'en face d'un dessin bidimensionnel. L'ouvrage suivant, *La Fièvre d'Urbicande*, est quant à lui déjà beaucoup plus ambigu: s'il est tout à fait permis de voir dans cette fiction une métaphore de l'élaboration du livre même, une multitude d'interprétations, toutes fort distinctes de cette lecture moderniste, s'imposent désormais à l'attention. L'écart se creuse encore avec plusieurs des tomes suivants, au point que *Brüsel*, par exemple, s'avère plutôt fermé aux interprétations de type moderne.

D'autres arguments encore étayent l'hypothèse de cet adieu à la modernité, comme par exemple la disparité croissante entre les fictions à grand succès de librairie, dont la préoccupation moderne semble évacuée progressivement, et textes de critique et de théorie, où le souci du moderne reste on ne peut plus alerte (les volumes collectifs *Autour du scénario* et *Story-board. Le cinéma dessiné*[13] en fournissent tous deux des illustrations superbes et exigeantes).

La constitution d'une *réserve* moderniste au sein d'un réseau de plus en plus classique, du moins pour ce qui est de ses parties constitutives, ne serait d'ailleurs en rien incompatible avec l'atomisation certaine du travail de Benoît Peeters, fractionné en autant de sous-ensembles qu'il est finalement de publics intéressés.

Une vue moins étriquée du réseau corrige toutefois ce que tel jugement aurait d'injuste ou d'excessif. Benoît Peeters n'a pas mis fin à sa production moderniste sitôt découvertes les pistes plus accessibles des *Cités obscures* ou de la glose hergéenne. La résistance du public à l'égard des romans-photos ou d'ouvrages comme *Case, planche, récit* (une synthèse fondamentale des recherches sur la bande dessinée) et *Hitchcock, le travail du film* (une lecture presque militante d'un certain cinéma autoréférentiel)[14] n'est-elle pas la meilleure preuve que de larges pans du réseau, même dans ses secteurs les plus populaires, se développent sans concession aux goûts du jour?

De plus, il est capital d'observer que les livres de Benoît Peeters sont aussi fréquemment réimprimés qu'ils sont retouchés et remaniés, la réécriture allant très souvent dans le sens d'une plus grande modernité. La version définitive des *Murailles de Samaris*, en 1988, explicite et exacerbe le refus de toute illusion référentielle. La traduction graphique de *La bibliothèque de Villers* par le metteur en pages Patrice Hamel, en 1990, pousse la logique littérale de ce roman à ses ultimes conséquences.

Telle possibilité de modernisation, qui est tout sauf une adaptation au climat ambiant, ne saurait être assez soulignée. Qu'elle puisse se réaliser à l'initiative des lecteurs, est un trait plus important encore dans la mesure où la passation des pouvoirs démontre concrètement, avec du reste quel éclat, l'essence du credo moderniste: la coïncidence de l'auteur et du lecteur, l'échange des opérations inséparables de l'écriture et de la lecture.

Pour que cette chance puisse être saisie, les textes mêmes de Benoît Peeters doivent de toute évidence en garantir l'amorce, y compris dans les volumes qui semblent fonctionner de manière conventionnelle. S'il est vrai que le courant moderniste du réseau n'est pas dominant à l'heure actuelle, ce facteur reste une composante essentielle du travail de Benoît Peeters. Au lecteur maintenant de le mettre en avant, et de le faire sans complexes. L'analyse du *Transpatagonien*[15] fournira l'occasion de mieux évaluer cette nouvelle place du moderne, plus discrète mais fort active tout de même.

5.5. Cercle, boucle, spirale

Peu de livres sont aussi caractéristiques du réseau Peeters que ce *Transpatagonien*, album méconnu (et sans doute aussi un peu raté) dans lequel l'auteur se coule avec exubérance dans un dispositif qui résume plusieurs caractéristiques majeures de son travail.

Le volume est tout d'abord le fruit d'une collaboration multiple et complexe, le rôle du co-scénariste renvoyant ironiquement à l'attelage Simon-Pastissou d'*Omnibus*: alors que les "textes" de l'ouvrage sont de la main du seul Benoît Peeters, les "histoires" sont attribuées aussi au cinéaste Raoul Ruiz, inventeur des dispositifs modernes les plus ingénieux et retors mais peu soucieux des problèmes de lecturabilité, en qui Benoît Peeters a trouvé depuis plus de dix ans un véritable complice. Comme, malheureusement, la plupart de leurs projets communs n'ont pas encore été réalisés, il reste cependant difficile de mesurer avec précision l'impact de Ruiz sur le réseau Peeters.

En second lieu, *Le Transpatagonien* met en pratique le goût de l'écrivain pour les projets multimédia, avec, en l'occurrence, le mélange de l'écriture et de l'image et, à l'intérieur de chaque système, le mélange d'un pluriel de catégories: des textes suivis alternent avec des récitatifs et phylactères de bande dessinée; des cases sont juxtaposées à de larges illustrations, dont certaines étalées sur deux pages, et à de petites icônes placées en marge de l'écrit (les faiblesses du livre tiennent probablement à l'articulation un peu boiteuse de ces différents secteurs, qui s'additionnent et se répètent plus qu'ils ne se relancent les uns les autres).

Enfin, cet ouvrage permet aussi à Benoît Peeters de s'en donner à cœur joie à sa fascination pour le récit sous toutes ses formes: *Le Transpatagonien* a pour schéma de base une suite de quinze narrations que se racontent les uns aux autres les passagers d'un train pas comme les autres:

"J'avais fini par le comprendre. Le wagon dans lequel je m'étais installé était ce fameux wagon des conteurs dont j'avais entendu parler dans mon enfance et que je croyais disparu depuis longtemps. Rivalisant dans un étrange concours, tous ceux qui se trouvaient ici allaient raconter leur histoire."[16]

Réduite à telle épure, ce schéma n'a rien de moderne. La structure du *Transpatagonien* est toutefois raffinée, quand bien même la richesse ne s'en dévoile que très lentement et que l'apparente clôture de chaque fragment sur lui-même entretient longtemps l'illusion de quelque nouvel *heptaméron* ou chaîne de récits étalée sept jours durant par divers personnages réunis à huis clos.

Une première particularité du livre est incontestablement sa fin dédoublée, dont les termes sont dans un rapport qui n'est pas tout à fait de simple répétition. *Le Transpatagonien* se termine une première fois lorsque le narrateur principal du livre, après avoir écouté les récits de ses compagnons de voyage, se met à raconter sa propre histoire, souvenir d'enfance lié à un train électrique qui occupait jusqu'à ses nuits:

"Je me suis réveillé au milieu de la nuit: l'un de mes trains s'était mis en marche. Un seul wagon était éclairé, comme s'il était peuplé d'insomniaques.

Je me suis penché et j'ai vu de minuscules personnages en train de converser. Ils paraissaient captivés, mais, malgré tous mes efforts, je n'ai pas réussi à entendre ce qu'ils disaient.

Le train est passé et repassé plusieurs fois devant moi. Au bout d'un moment, j'ai dû sombrer dans le sommeil.

Un peu plus tard, je me suis réveillé une nouvelle fois. Le train venait de s'arrêter à ma hauteur. Tous les voyageurs me regardaient. Ils avaient l'air affolés. J'aurais voulu les calmer, leur dire qu'ils n'avaient rien à craindre de moi, mais j'étais si fatigué que je me suis rendormi sans avoir prononcé une seule phrase.

C'est la voix brutale de ma mère qui m'a réveillé le lendemain. Vous n'allez pas me croire: pendant mon sommeil, j'étais tombé de mon lit, écrasant plusieurs des wagons. Sur mon pyjama, il y avait de petites tâches de sang et pourtant je n'étais pas blessé. J'ai regardé les débris du train. Je n'ai aperçu aucun voyageur..." (p. 94)

L'anecdote ne tarde pas à se faire terrifiante pour peu qu'on se souvienne du comportement bizarre des voyageurs juste avant que ne s'entame cette ultime narration: eux aussi avaient eu l'impression de passer et repasser par les mêmes points, eux aussi avaient cru déceler dans ce qu'ils avaient pris pour une montagne, une main gigantesque qui commençait à se lever...

La manœuvre narrative en question n'a chez Benoît Peeters rien d'exceptionnel[17]. D'un côté, il se manifeste un brusque changement de perspective: de l'intérieur du train où se trouvent les personnages, on passe à l'extérieur d'où les observe un petit garçon. De l'autre, les différences entre réalité et fiction s'évaporent: les personnages d'abord crus vrais évoluent tout à coup dans un univers onirique, alors que l'enfant qu'ils pensent halluciner se révèle être celui qui les a inventés dans son rêve. La combinaison des deux techniques réalise le bouclage du récit sur lui-même, puis son infini recommencement, dans un va-et-vient interminable entre fiction et réalité, dehors et dedans, comme l'énonce clairement le titre du récit ultime, "Le grand circuit".

Plus curieusement déjà, le volume se termine une seconde fois lorsque, après ce quinzième et dernier récit, une série de quatre planches de bande dessinée montre le cauchemar du petit garçon -nouvel avatar du petit Nemo?- tombant sur le train électrique circulant autour de son lit. Les analogies frappantes avec l'histoire précédente -

des taches rouges sur le corps de l'enfant jusqu'au réveil peu amène par une mère absolument hideuse- attestent qu'un nouveau tour est donné au livre, lequel continue en quelque sorte *sur sa lancée.*

Enfin, une opération supplémentaire, elle tout à fait inattendue, transforme définitivement le cercle ou le huit en véritable anneau de Mœbius, faisant accéder la lecture à une reprise en spirale, et partant à des agencements de type beaucoup plus moderne. Déjà surnuméraire par rapport à la première conclusion de l'œuvre, la deuxième fin s'avère en effet n'être pas une fin du tout. La chaîne des récits et des fragments dessinés se prolonge d'un nouveau maillon, lui inachevé, sur le dos de la couverture, où se découvre non pas le traditionnel texte de présentation de l'auteur ou de l'éditeur, mais le début de quelque nouveau récit fait manifestement par un des voyageurs montés à bord du train. Comme il est impossible de rattacher cette narration à l'un des textes déjà lus, le lecteur comprend qu'avec cette quatrième de couverture, dont l'intérêt lui avait totalement échappé au moment d'ouvrir *Le Transpatagonien*, la ronde reprend de plus belle, non pas pour répéter ou varier ce qui s'est déjà lu ou vu, comme dans "Le grand cicuit" ou les quatre planches qui le suivent, mais pour entamer un tour inconnu.

Le même lecteur, ainsi, est enjoint de repasser par le livre qu'il croyait terminé pour essayer d'en faire une lecture si possible différente. Son attente ne sera pas déçue.

5.6. Retour à Roussel

La structure d'ensemble du *Transpatagonien* ayant fait l'objet de soins évidents, on repère très vite des mécanismes autres que l'enchâssement de clausules sans fin. Il se dégage ainsi au regard une composition en forme d'entonnoir, avec de puissants effets de miroir aux extrémités de l'œuvre, où se concentrent par exemple les histoires racontées par les commis-voyageurs, et une visible surdétermination du centre, où l'on trouve, en huitième position, encadré par les seuls deux récits à être faits par le même narrateur[18], activé en amont et en aval par une série d'annonces et de renvois, le récit de loin le plus long de tout le livre.

Mis en valeur par l'organisation interne du volume, "L'homme de glace" en offre à son tour un parfait modèle réduit, dont la double fin de l'histoire est sans doute l'aspect le plus frappant.

Découvert par hasard lors d'une expédition scientifique au pôle, un bloc de glace capable de reproduire les objets et les êtres placés en sa proximité, est subtilisé par un savant à l'affût d'une découverte spectaculaire à laquelle donner son nom. Devenu victime du bloc au cours de ses expériences, gelé et craignant par-dessus tout feu et chaleur, le malheureux appelle au secours le narrateur de l'histoire, qui assiste impuissamment, l'été venu, à la fonte de l'homme de glace. Puis le récit redémarre lorsque le narrateur tombe dans le réfrigérateur sur le cadavre congelé du savant. Il comprend alors que l'être qu'il a vu se liquéfier sous ses yeux était la copie de glace de l'homme mort et oublié depuis longtemps au frigo.

Expliquant l'énigme posée par la fonte du personnage, ou plutôt de son ombre, cette deuxième fin déçoit pourtant. La cause du désagrément est certes d'abord psychologique: on peut ne pas aimer la normalisation de l'insolite. Mais très vite les liens avec l'ensemble du livre poussent à s'interroger sur le caractère singulier de la conclusion même, qui masque plus qu'elle ne dévoile. A l'instar de la première partie de l'histoire où s'escamote le dédoublement du scientifique, la résolution proposée dans la deuxième partie fait l'impasse sur l'élément crucial de l'histoire: les propriétés magiques du bloc de glace.

A relire la nouvelle, cette énigme plus secrète se lève facilement. Mais c'est pour rendre le mystère plus épais encore: avec la nouvelle découverte, ce n'est plus l'histoire, mais le texte même qui se met à trembler.

Les tragiques mésaventures de l'homme de glace peuvent en effet se ramener, quant au principe de leur invention, à un jeu de mots sur *glace*, qui est simultanément "miroir" et "eau congelée" confondus. Le cube dédouble et solidifie en même temps, et tout ce qui s'ensuit de cette observation résulte de cette polysémie initiale, dont l'exploitation est un clair hommage à Raymond Roussel.

Figure emblématique de la modernité, Raymond Roussel s'est étendu, dans son ouvrage posthume *Comment j'ai écrit certains de mes livres*[19], sur l'effet producteur de la rime, puis du calembour en général. Après avoir mis au point de courtes nouvelles en reliant deux phrases distinctes seulement d'une lettre[20], Roussel avait signé des romans basés sur l'application de ce qu'il appelait son *second procédé*, et qui consistait à imaginer une histoire en s'inspirant des sens divers de deux mots accouplés, mais non inclus dans la version définitive du texte[21].

Les parallélismes avec "L'homme de glace" ne sont pas clandestins. Dans la nouvelle du *Transpatagonien* aussi, les éléments de la fiction doivent leur existence à de tels calembours, dont ils thématisent en plus la très grande efficacité.

Soit par exemple cette glace, dont le texte spécifie qu'il s'agit d'un bloc "d'une trentaine de centimètres, quadrilatère presque parfait miraculeusement *modelé par les vents*" (p. 51, je souligne). Au-delà du poids anecdotique de ce détail (assise classique de l'*effet de réel*), ne convient-il pas d'y reconnaître l'impact du type de bateau utilisé pour l'expédition, un *brise*-glace dont le premier segment peut s'entendre aussi bien comme forme verbale de "briser" que comme synonyme de "vent". Du même cube de glace, le texte signalera encore que, vu au microscope, il se compose "d'algues bleues élémentaires" (p. 53). Pour indéniable que soit la vraisemblance de telle observation, ne faut-il pas plutôt soumettre le *mot* "algues" à la même opération que l'on fait subir à la *chose*, et percevoir dès lors dans les minuscules composantes des *lettres* de "algues" une transformation anagrammatique partielle de "glaces"?

Plusieurs autres éléments du récit obtempèrent à une logique analogue. L'homme de glace craint-il de mourir par le *feu*? Incriminons-en l'identité du substantif et de l'adjectif, de la combustion et du décès. Redoute-t-il l'*été*? La chose est moins obscure si on perçoit dans ce vocable le participe passé de "être". Le narrateur précise-t-il que plusieurs *mois* passent? Le personnage principal, en effet, se dédouble. Le texte ne cesse-t-il de désigner les lois de son agencement? Les preuves s'en accumulent: ainsi le cas de l'homme de glace est comparé à celui des "hommes de papier", c'est-à-dire, selon l'expression de Paul Valéry, des personnages n'ayant pas d'autre consistance que celle des mots; ainsi encore les messages sonores reproduits par le bloc de glace livrent-ils, écoutés au ralenti par le savant acharné, une leçon pour lui incompréhensible sur l'intérêt des calembours.

De tels exemples, dont il serait fastidieux d'allonger la liste, indiquent assez l'allure très roussellienne de "L'homme de glace". Mais d'autres facteurs encore font du *Transpatagonien*, et non pas seulement d'un quelconque de ses fragments, une œuvre assurément moderne: la lecturabilité du procédé, l'habileté de la composition d'ensemble, le jeu fascinant avec l'appareil périgraphique, l'organisation des divers récits en un réseau de petites dimensions reflétant à son tour la totalité du réseau Peeters,

A égale distance de Raymond Roussel, entièrement illecturable tant que restent inconnues les confidences posthumes, et de *La Bibliothèque de Villers*, parfaitement lecturable en dépit de son refus catégorique de livrer le dernier mot de l'histoire, *Le Transpatagonien* propose un type de modernité mi-cachée, mi-exhibée, assez symptomatique de l'aspiration du réseau Peeters à combiner divers lectorats, y compris à l'intérieur d'une œuvre unique. La lecture naïve, tournée vers le récit classique, n'y est pas bloquée ou taquinée, comme dans *Villers*, qui frustre le lecteur traditionnel de la solution que ce dernier lui juge *due*. Elle n'est pas non plus coupée de la lecture plus complexe, comme c'est le cas des *Impressions d'Afrique* ou de *La Vie mode d'emploi*, lisibles mais opaques pour qui n'a guère connaissance des aveux de leurs auteurs respectifs.

Pour le réseau Peeters, parler de la modernité en général n'est donc pas très utile. Modulée en fonction des divers projets, ici triomphante et là fort discrète, l'écriture moderne selon Benoît Peeters participe indissolublement des rapports noués avec un lectorat par définition hétéroclite et, plus encore, variable dans le temps. La modernité, ainsi, est d'abord présente dans des proportions à négocier au coup par coup, sans que puisse s'exclure, bien entendu, la résurgence de livres aussi directement modernes que *La Bibliothèque de Villers* ou *Droit de regards*.

NOTES

(1) Bruxelles, Magic Strip, 1984.

(2) Voir par exemple, de Jean Ricardou, le feuilleton théorique "Eléments de textique", publié dans la revue *Conséquences* du numéro 10 (1988) au numéro 14 (1981), et, de Guy Lelong, l'essai *Des relations édifiantes* (Paris, Les impressions nouvelles, 1991).

(3) Des exemples ne tarderont pas à être donnés.

(4) Pour plus de détails, voir mon article: "L'ecriture expérimentale: les années 80", in *Approches de la littérature française* (ouvrage dirigé par F. Baert et D. Viart, Louvain, P.U. Louvain, 1993).

(5) Une année charnière étant 1983, avec la publication de *Femmes* (Paris, Gallimard, 1983) de Philippe Sollers.

(6) L'expression de "notion périmée" provient de l'ouvrage d'Alain Robbe-Grillet, *Pour un nouveau roman* (Paris, Minuit, 1963).

(7) On peut y ajouter le témoignage de Pascal Quignard, *D'une certaine gêne technique à l'égard des fragments* (Montpellier, Fata Morgana, 1984), qui a lui aussi contribué à l'ébranlement des convictions modernistes.

(8) *Buena Vista Park*, Paris, P.O.L, 1980, p. 104-105.

(9) Paris, P.O.L, 1978. A ce roman, Penoît Peeters a consacré un compte rendu important: "Cent mille milliards de poèmes", in *La Revue nouvelle*, février 1979.

(10) Hans Hartje, Bernard Magné et Jacques Neefs (éd.), *Cahier des charges de "La Vie mode d'emploi"*, Paris, éd. du CNRS/Zulma, 1993.

(11) Raymond Queneau, *Entretiens avec Georges Charbonnier*, Paris, Gallimard, 1962, p. 48.

(12) "Echafaudages", in *Cahiers Georges Perec* n° 1, 1985, p. 186.

(13) *Autour du scénario*, Revue de l'Université de Bruxelles, 1986-1/2; *Story-board, le cinéma dessiné*, Liège, Yellow Now, 1991.

(14) *Case, planche, récit*, Paris-Tournai, Casterman, 1990; *Hitchock, le travail du film*, Paris, Les impressions nouvelles, 1993.

(15) Benoît Peeters, Raoul Ruiz, Patrick Deubelbeiss, *Le Transpatagonien*,

Paris-Tournai, Casterman, 1988.

(16) *Le Transpatagonien*, o.c., p. 25-26. C'est le narrateur du livre qui parle.

(17) Des variantes sont par exemple données par *Les Murailles de Samaris*, o.c., et *Dolorès* (avec A. Baltus et F. Schuiten, Paris-Tournai, Casterman, 1991).

(18) Que celui-ci emprunte ses traits à Benoît Peeters lui-même, se rattache à une problématique qui sera étudiée dans le chapitre 7.

(19) Paris, UGE, coll. 10/18, 1977. La première publication du livre remonte à 1935 (le suicide de l'auteur à 1933).

(20) Par exemple: "1° *Les lettres du blanc sur les bandes du vieux billard...* 2° *Les lettres du blanc sur les bandes du vieux pillard.* Dans la première (phrase), "lettres" était pris dans le sens de "signes typographiques", "blanc", dans le sens de "cube de craie" et "bandes" dans le sens de "bordures". Dans la seconde, "lettres" était pris dans le sens de "missives", "blanc" dans le sens d'"homme blanc" et "bandes" dans le sens de "hordes guerrières" ." (o.c., p. 11-12).

(21) Voir Jean Ricardou, "L'activité roussellienne", in *Pour une théorie du nouveau roman*, Paris, Seuil, 1971.

LES REMORDS DE L'ECRIVAIN

6.1. La nécessité de juger

Un livre de Benoît Peeters ne s'écrit pas seulement à partir d'un programme ou d'une contrainte interne, comme on vient de le voir. Très souvent, il constitue aussi une réponse à un stimulus externe: une commande à honorer, par exemple, une série à prolonger ou encore, plus abstraitement, un défi à relever, comme dans *La Bibliothèque de Villers*, qui rivalise ouvertement avec les romans policiers d'Agatha Christie. Dans certains cas, le point de départ *externe* au livre est donc aussi *interne* au réseau Peeters lui-même. Le projet est alors une continuation, la défense et illustration d'une thèse ou une reprise: Benoît Peeters récrit et se récrit continuellement.

Ce réflexe d'autocritique doit d'autant plus être mis en valeur qu'il émane d'un écrivain qui aurait tout pour en faire l'économie: le succès, puis le facile accès aux médias aidant, Benoît Peeters aurait pu se complaire, à l'instar de plus d'un de ses collègues, dans un discours autopublicitaire de premier degré. Le goût de l'autocritique, par contre, confirme plutôt la parenté avec un Hitchcock qui, lui aussi, par exemple dans ses célèbres entretiens avec Truffaut, aimait tant s'interroger sur ses propres erreurs, pour toujours y trouver de quoi *relancer* le travail ultérieur.

Quel que soit l'objet de la réécriture, l'œuvre de Benoît Peeters peut être analysée comme une tentative de dépasser ses propres limites, tantôt par retouche (c'est la voie directe) et tantôt par élection d'une autre piste (la manière, alors, est plutôt indirecte, le changement de direction signifiant l'aveu d'une impasse).

La Fièvre d'Urbicande se présente ainsi comme réajustant le tir mal assuré de l'ouverture de la série:

"*Les Murailles de Samaris* étaient notre première collaboration et mon premier scénario de bande dessinée. L'album fut réalisé dans un enthousiasme permanent, une excitation de chaque instant qui n'allèrent pas, nous semble-t-il aujourd'hui, sans quelques aveuglements. (...) *Les Murailles de Samaris* est un album qui continue de nous laisser plus d'un remords, un album que, périodiquement, nous nous prenons à rêver de refaire. (...) Qu'importe finalement! (...) Nos regrets, s'ils n'ont pu sauver complètement *Les murailles*, nous ont donné envie d'aller plus loin dans nos récits ultérieurs. "[1]

Quant à la suite de ces deux volumes, *La Tour*, elle aurait essentiellement donné la chance de tourner une certaine page:

"Je crois qu'il faut donner une contrainte différente dans chaque récit. Par exemple une chose que nous allons remettre en cause est la focalisation. On aura eu, dans les *Cités obscures*, trois récits fortement centrés sur un personnage. Dans le quatrième, on va évacuer cela."[2]

L'erreur, l'incertitude, l'impasse, voire le simple désir du changement, sont ainsi désignés comme des forces motrices du réseau: pour Benoît Peeters, il n'est pas question de les stigmatiser ou d'en masquer la présence. Aussi l'œuvre est-elle constamment vigilante et critique à l'égard d'elle-même, sans que l'auteur cède à l'illusion du progrès linéaire: ce qui vient après n'est pas forcément supérieur à ce qui précède (les nombreuses études sur Hitchock et Hergé, entre autres, dont Benoît Peeters met très bien en lumière l'évolution en dents de scie[3], le préviennent sans arrêt de ce danger).

Ce chapitre examine, non pas les manières dont Benoît Peeters a remanié son propre travail, mais les divers endroits où la possible modification n'a pas (ou pas encore) eu lieu. Une solution de continuité ou un vide peuvent révéler ainsi des échecs dont l'intérêt n'est pas toujours local, mais engage parfois le réseau dans sa totalité. L'objet du diagnostic ne sera donc pas tellement les hésitations ou difficultés des œuvres que les problèmes surgis à hauteur du réseau. En pratique, toutefois, l'on accentuera d'abord des cas particuliers, pour mieux les rattacher à des catégories plus globales. A mesure que progressera l'observation, l'effet des incertitudes ou des ratés, au début presque négligeable et anodin, se fera ressentir plus nettement sur le plan du réseau tout entier. De la même façon se précisera aussi la nature variable des complications passées en revue: peu à peu les obstacles auxquels se heurte n'importe quel projet deviendront les traverses propres au réseau Peeters.

6.2. Une erreur de parcours significative

En 1987 paraît *L'Irrésistible Bibliographie critique et polissonne de Carl-Emmanuel Derain, écrivain décédé, par Lucien Maréchal et quelques mains amies (A-S)*[4], dont le projet est séduisant. La veine comique de Benoît Peeters est alors en pleine expansion et l'humour débridé de ce roman paraît commencer là où s'arrête un album comme *La Tour*: au seuil de la farce. Plusieurs aspects du livre laissent augurer un vrai feu d'artifice: le thème tout d'abord (la satire d'un maître de conférences s'intéressant beaucoup à l'œuvre et plus encore à la vie d'un romancier adulé), mais aussi le type de collaborateur choisi (l'écrivain et scénariste Christian Rullier, esprit caustique avec lequel Benoît Peeters avait déjà sévi dans d'autres publications[5]) et surtout les modèles prestigieux dont le volume ne cache pas l'incidence (du *Feu pâle* de Nabokov, pour ce qui est de son versant thématique, à certaines *Eglogues* de Renaud Camus, pour ce qui est du mode de présentation retenu, un fichier bibliographique richement annoté et pourvu de force postfaces et avant-dire[6]).

Or le livre déçoit, et même beaucoup. Une chose est pourtant de constater un faux pas, ce que *L'Irrésistible Bibliographie* est assurément, autre chose est d'en localiser et surtout d'en interpréter les causes. Il s'avérera qu'elles sont de deux catégories distinctes: les premières plutôt anecdotiques, une dernière plus fondamentale.

La raison que l'on s'empresse d'invoquer tient au régime même de l'écriture, auquel manque sans conteste un peu de mordant. *L'Irrésistible Bibliographie* se veut grinçant, féroce, il n'est que modérément acerbe. Les cibles sont pourtant de choix et ne peuvent laisser indifférent aucun lecteur de fiction: d'abord l'institution littéraire et ses instances de légitimation, en l'occurrence la critique universitaire et ses innombrables chapelles engagées dans une lutte sans merci; ensuite le problème de la lecture d'une œuvre, et ses relations controversées avec la vie de l'écrivain; enfin la gestation du livre même, tiraillé entre auteur, éditeur et imprimeur, qui tous se chamaillent par notes interposées. Malgré cette donne intéressante, *L'Irrésistible Bibliographie* laisse le lecteur sur sa faim. Le narrateur, Lucien Maréchal, maître de conférences à l'université de Toulouse-le-Mirail, serviteur inconditionnel de l'œuvre et de la cause derainiennes, est en effet plus bête que méchant, moins agresseur qu'agressé, plus victime finalement que bourreau, si bien que la charge initiale se dilue petit à petit. On a le droit de penser que le livre eût été infiniment plus efficace si Maréchal, au lieu d'être le falot dont il faut s'apitoyer, avait été un manipulateur sans scrupules.

Une autre raison de la déception causée par *L'Irrésistible Bibliographie* concerne la composition du livre, certes ingénieuse et amusante, mais trop facile en quelque sorte, surtout si on la compare à *Feu pâle*, dont l'influence est partout visible dans le texte. Chez Nabokov, la construction en diptyque est simple mais très efficace: au poème épique de John Shade, professeur de langue et de littérature zembliennes, succède l'appareil critique dû à son voisin, le professeur Charles Kinbote, dont le commentaire se mue lentement en discours romanesque pour confronter le lecteur aux plus abracadabrantes des péripéties. Chez Peeters-Rullier, la même figure de base est exploitée de manière plus filandreuse et banalisée: au lieu de s'en tenir au conflit entre le texte et son commentaire, *L'Irrésistible Bibliographie* fait s'enchaîner et s'emboîter un grand nombre d'écrits de signataires divers, dont les révélations et supercheries contradictoires s'annulent d'autant plus rapidement que le point de départ n'était guère, comme chez Nabokov, au-dessus de tout soupçon. Dans *Feu pâle*, le plus grand sérieux, voire le plus grand ennui, devient folie et délire. Dans l'ouvrage sur Derain, la rigolade éclate dès les premières lignes (et même dès la quatrième de couverture, sans parler encore du titre "hénaurme", qui tous deux vendent trop tôt la mèche). Aussi les palinodies dont le roman est prodigue tombent inévitablement, faute de véritable repoussoir, un peu à plat.

Le recours permanent à l'allusion, au *private joke*, ne fait quant à lui qu'aggraver le problème de l'humour du livre. Le problème général de toute allusion est connu: du moment que l'auteur et le lecteur du livre ne partagent pas exactement le même savoir, la même culture, les mêmes présupposés, tout clin d'œil du premier rencontre seulement l'incompréhension ou l'indifférence du second. Dans *L'Irrésistible Bibliographie*, cette contrariété n'épargne aucune page. Quelques initiés se gausseront des piques contre Claudette Ridou, d'autres se divertiront des gloses sur les articles consacrés à Derain par Avelot et Fleury. Mais l'ignorance des modèles précis risque de se retourner contre le livre même, qui exclut d'une certaine façon le lecteur qu'il veut aussi séduire[7].

Le problème fondamental, toutefois, est autre encore. Car si *L'Irrésistible Bibliographie* reste insuffisamment féroce, s'il est construit avec une négligence certaine, succombant trop vite aux mirages de l'allusion, on ne niera pas que d'autres volumes de Benoît Peeters parent à tous ces dangers. Ce qui, par contre, ne réapparaît plus, c'est la collaboration avec un autre écrivain. Alors que, dans son écriture fictionnelle, Benoît Peeters se plaît tellement à lancer des séries, la postérité de *L'Irrésistible Bibliographie* est inexistante: le tandem Rullier-Peeters est en panne depuis, de sorte que l'insatisfaction profonde ressentie par le lecteur pourrait bien trouver son origine dans le travail à quatre mains avec Christian Rullier ou plutôt -car il serait trop simple d'accuser le seul Rullier- avec un second écrivain, comme si le réseau recherché par Benoît Peeters butait là vraiment contre une de ses limites essentielles.

A mieux analyser cette situation, on se rend compte que, vu le type d'échange que Benoît Peeters affectionne, la collaboration paraît ici superflue, voire nocive. Elle est superflue, parce qu'à la différence du travail avec François Schuiten (en bande dessinée) ou Marie-Françoise Plissart (en roman-photo), il n'y a ici ni rencontre ni convergence de deux approches spécifiques: le rapport, si rapport il y a, est de l'ordre de la seule tautologie. Elle est aussi nocive, parce qu'on risque la dérive vers la situation d'*Omnibus*, où deux écrivains, plutôt que de procéder à la transformation des idées de l'autre, se contentent de diviser le travail, entérinant par là leurs faiblesses respectives: magnifique narrateur mais piètre écrivain, Simon finit par ne plus écrire du tout, tandis que Pastissou, écrivain de talent dénué de toute imagination, se félicite de ce prétexte pour se confiner à la seule mise en forme des souvenirs d'autrui.

Bref, dans *L'Irrésistible Bibliographie*, il y a eu plus *désir de collaboration* que *collaboration effective*. Il y a eu aussi moins *réseau* que *désir de réseau*. Il y a eu, surtout, confusion entre le réseau tel que l'entend normalement Benoît Peeters, avec ce qu'il implique d'échanges et de différences, et collaboration telle qu'on la voit dans ces couples d'écrivains, Fruttero-Lucentini ou les neveux se nommant Ellery Queen, où l'autre, pour brillant qu'il soit, n'est toujours que l'alter ego du même.

6.3. Du réseau inachevé

D'autres types de problèmes sont plus complexes que cette première erreur de parcours. Dans certains cas, en effet, l'avancée vers le réseau est indéniable, quand bien même elle n'aboutit pas entièrement.

Soit le plus moderne des romans-photos de Benoît Peeters et Marie-Françoise Plissart, *Droit de regards*[8], dont voici un détail intrigant: contrairement à toute tradition connue, la quatrième de couverture de ce volume porte un folio (le numéro 100), qui constitue à la fois un renforcement et un affaiblissement des structures mises en place à l'intérieur du livre même. Si l'ajout de ce folio élimine la rupture classique entre texte et péritexte, c'est-à-dire entre l'œuvre même et les éléments qui l'entourent dans le livre sans directement en faire partie[9], la suppression même de cette barrière fait ici grandement problème.

Dans *Droit de regards* la continuité du texte et de sa périgraphie est non seulement adroite parce qu'elle s'en prend à une tradition dont les effets négatifs sont bien connus des lecteurs du réseau Peeters[10], mais aussi parce que cette suture réalise un véritable coup de force. L'enchaînement des 99 pages de l'œuvre et de la page 100 de la quatrième de couverture n'est pas directe, mais se fait en arche: entre les deux s'insère une "lecture" de Jacques Derrida dont le statut subit de sérieux changements. Folioté en chiffres romains, le texte du philosophe se détache de prime abord du livre, dont il constitue alors une postface à part entière. Serti entre des pages unies par un autre système de numérotation (en chiffres arabes), il se voit nécessairement inclus dans dans l'œuvre même, dont il représente dans ce cas un volet autonome, mais point tout à fait indépendant: de fragment périgraphique, cette lecture devient un segment de l'œuvre même. Par ce biais, le travail de Benoît Peeters arrive à mettre un terme à la cassure voyante entre texte et périgraphie que l'on trouvait encore dans le premier des romans-photos réalisés avec Marie-Françoise Plissart, *Fugues*[11]. Il revient du coup à la solution plus satisfaisante de leur toute première collaboration, *Correspondance*[12], dont le dos de couverture reprenait le matériau photographique de l'œuvre tout en livrant une des clés de sa composition.

Malheureusement, pour intéressante que reste la procédure choisie, force est de reconnaître que, dans le cas de *Droit de regards*, sa venue est, sinon déplacée, du moins inopportune. Sans parler encore de l'oubli, dans la grande structure ébauchée, des autres pages du péritexte, il faut se rendre à l'évidence que le pont jeté de la fin de l'œuvre à la quatrième de couverture est plutôt contradictoire. Pour boucler une œuvre qui déjà se boucle sur elle-même, il ne faut en effet pas de page supplémentaire au niveau périgraphique. Les 99 pages de fiction de *Droit de regards* obéissent déjà à un ordonnancement circulaire, ou plus exactement en spirale, que le prolongement linéaire de l'œuvre jusqu'au dos de la couverture ne peut que casser.

Tel problème somme toute mineur, il est cependant possible d'en généraliser un peu la portée. En effet, quand bien même les œuvres signées Benoît Peeters sont souvent d'une réelle modernité, l'attitude à l'égard de l'objet-livre et de l'appareil périgraphique demeure assez timide. La réserve en question est du reste d'autant plus curieuse que la position de François Schuiten, collaborateur attitré du réseau Peeters s'avère régulièrement, dans d'autres livres, d'une fermeté exemplaire[13].

Cette discrétion affecte la forme du livre, dont le péritexte traditionnel est presque toujours respecté. Elle se retrouve aussi à hauteur de la fonction périgraphique, qui reste plus conventionnelle encore. Chez Benoît Peeters, la stratégie que sert le péritexte est d'abord d'affirmer bien haut l'identité et l'unicité de chaque volume, dont les relations avec le réseau sont bien moins mises en valeur que les propriétés intrinsèques. Elle est ensuite, on ne peut plus banalement, de piquer la curiosité et de pousser à l'achat: alors que le peu d'insistance sur la série a pour but de ne pas trop décourager le lecteur intéressé par un volume seulement, l'effort pour intriguer et faire miroiter des "surprises d'un ordre inattendu", pour varier une formule que l'on retrouve sur presque chacune des quatrièmes de couverture du réseau Peeters, est trop systématique pour ne pas obéir à de fortes considérations marchandes.

Les Cités obscures fournissent de ce système un contre-exemple tout à fait fascinant. La réédition sous jacquette des divers volumes a fortement uniformisé une série qui, peut-être, n'en est pas tout à fait une, du moins au sens traditionnel du terme. Le rapprochement matériel des livres, y compris au niveau périgraphique, rehausse plutôt qu'il n'atténue l'étrangeté de leur assemblage et pousse le lecteur à s'interroger sur la notion même de "série"[14].

Lorsque, plus rarement, Benoît Peeters se plaît quand même à toucher à l'articulation classique du péritexte, comme dans la superbe couverture de *Case, planche, récit,* où les signes de ponctuation présents dans le dessin prolongent l'énoncé virtuellement inachevé du titre, la manœuvre n'est sans doute pas assez agressive pour retenir l'attention du lecteur que ce travail sur les marges du livre eût secoué utilement.

L'argument marchand se prête toutefois à l'inversion. Car autant il est vrai qu'en se soumettant à l'ordre classique, Benoît Peeters rend service à lui-même comme à ses éditeurs, autant il convient d'admettre aussi que cet esprit de marketing a bien des limites (après tout, ne pas insister sur l'agencement des livres en série est une arme à double tranchant). Aussi est-il plus intéressant de supposer que la frilosité vis-à-vis du péritexte cache en fait un problème différent, qui serait celui de la tension entre les parties et le tout, entre l'autonomie des livres et la construction du réseau.

L'opposition des deux pôles ne paraît pas forcément vive, dans la mesure où la position privilégiée des livres permet de contester le niveau *intermédiaire* de la série, qui offusque beaucoup plus le réseau que ne le fait le niveau *inférieur* du livre. L'indépendance du livre sert ainsi la constitution du réseau en l'émancipant de la tutelle des séries, dont le poids éditorial est traditionnellement fort vif. A son tour, telle autonomie permettrait même l'épanouissement d'un type de série assez inédit. Alors que la série classique est définie par la persistance du seul héros, les séries du réseau Peeters, fondées plutôt sur la permanence d'un type de collaboration, se permettent le luxe de dérouter leur public en changeant de protagoniste, de genre, voire de style (les romans-photos réalisés avec Marie-Françoise Plissart en restent à ce jour une démonstration concluante).

De bien d'autres points de vue, toutefois, la tension entre livres et réseau n'a pas trouvé d'équilibre satisfaisant. L'on peut déplorer par exemple que la rupture d'un livre ou d'un projet à l'autre ne se trouve pas assez contrecarrée par un mouvement inverse qui stimule les liens d'un sous-ensemble à l'autre. S'il arrive à Benoît Peeters d'inclure de tels rapports, cela est fait sans militantisme excessif, plus en clin d'œil qu'à titre de composante structurale de premier rang. C'est fait aussi sans qu'on tienne assez compte de la dispersion éditoriale de la plupart des volumes, qui empêche la perception de certaines relations pourtant évidentes[15]. La liste, en général détaillée, des "autres ouvrages de Benoît Peeters" qui se voit reprise dans presque chacun de ses livres, rend certes plus lecturable ce phénomène. Encore est-il possible de regretter qu'elle se limite aux seuls *ouvrages*.

Si le réseau déconstruit, dans un geste nécessaire et fort bien mené, les décalages de statut et de prestige des lieux d'édition, le public n'a pas toujours les moyens pratiques de sortir de la semi-clandestinité à laquelle le vagabondage éditorial de Benoît Peeters condamne certaines de ses productions les plus fascinantes.

Bref, ce qui se fait du côté de la production ne se fait pas dans les mêmes proportions du côté de la réception du réseau. Là où Benoît Peeters redéfinit puissamment le rôle du lecteur, associé souvent à la production du sens de l'œuvre[16], le public n'est pas toujours forcé de changer ses modes de consommation en librairie. Le lecteur habituel des volumes chez Casterman peut continuer de faire l'économie des livres parus aux Impressions Nouvelles, par exemple, nonobstant la densité des relations susceptibles d'être mises au jour par qui s'aventure à *chercher vraiment* les volumes de l'auteur.

La pratique de Benoît Peeters n'ignore cependant point ni l'institution de la librairie, ni même sa crise (dont l'auteur, employé de librairie au tout début de sa carrière, a pu se faire une idée très concrète). D'une part, Benoît Peeters s'est toujours vivement intéressé à l'entier éventail des possibilités de publication: en témoignent sa participation à plusieurs jeunes revues (*La Chronique des écrits en cours*, *Affaires de style* et surtout *Conséquences*), le rôle également fondateur qu'il a joué dans les Impressions Nouvelles (maison autogérée par des écrivains) ou son travail au sein de plusieurs entreprises éditoriales de longue haleine (comme par exemple l'édition en vingt volumes des *Œuvres complètes* d'Hergé chez Lombardi). D'autre part, la fugacité du livre actuel le pousse tout aussi bien à multiplier les rééditions qu'à se résigner à certains oublis.

6.4. *Les dessous du réseau*

Les sections précédentes s'étaient donné pour but de montrer que le travail de Benoît Peeters se fait aussi à mesure et que chemin faisant les remèdes trouvés aux problèmes non prévus à l'origine avaient souvent la vertu d'influencer et d'adapter l'élaboration du réseau.

D'autres difficultés restent moins faciles à cerner. Rien n'exclut en effet que la création du réseau, en sa richesse et sa prolixité mêmes, dérobe à la vue un certain nombre d'écueils pourtant tout sauf mineurs. Ainsi faut-il s'imposer un recul supplémentaire et tâcher de porter le regard, non plus sur les failles éventuelles des fragments, mais sur le réseau tout entier tel qu'il se développe à travers ses métamorphoses. Le statut ambivalent de l'écriture de Benoît Peeters, attachée au passé comme annonçant le futur, incite à exhumer autant les contingences d'œuvres précises que l'impensé de l'œuvre dans sa totalité. Après s'être attaché aux premières, le temps est venu de scruter aussi la dernière.

Du réseau Peeters, on a pu souligner la boulimie: peu de genres en restent à l'abri. Si la performance mérite d'être saluée, ne pas en pointer les frontières conduirait à plus d'un contresens.

Comment ne pas apercevoir, ainsi, que la diversification des genres et des livres semble avoir pour contrepartie l'affirmation paradoxale de la cohésion interne des uns comme des autres. Plus le réseau s'annexe de nouveaux territoires, plus l'unité interne du genre et du livre paraît se consolider.

Qu'aucune des séries ne soit jamais figée, les volumes des *Cités obscures* en fournissent l'exemple parfait. *Les Murailles de Samaris* sont l'illustration angoissante d'un concept, celui du trompe-l'œil; *La Fièvre d'Urbicande* met en scène de manière plus humoristique une histoire engendrant les interprétations les plus antagonistes (la postface récente en précise d'ailleurs quelques-unes); avec *La Tour*, la série glisse ironiquement vers l'allégorie; *La Route d'Armilia* et surtout *L'Archiviste* préparent la sortie hors du livre qui débouchera sur l'exposition qu'accompagne, sans la redoubler, *Le Musée Desombres*; *Brüsel* frise déjà le pamphlet politique; *L'Echo des Cités*, reconstitution de l'histoire d'un journal fictif, brouille enfin les frontières entre les médias.

Mais aucune série non plus ne conteste radicalement la clôture de chaque livre sur lui-même, ni son inféodation au genre du récit d'énigme ou d'aventures, pour mince que soit parfois l'intrigue. Là encore, le cas des *Cités obscures* est parlant. Bien que les refontes progressives des albums tendent sans exception à intensifier les rapports d'un volume à l'autre, l'indépendance de chaque livraison comme d'ailleurs son achèvement essentiel ne se trouvent jamais mis en cause (même si plus d'un lecteur a pu se plaindre que les fins de ces livres ne fournissent pas de "vraie conclusion")[17]. Qu'en redessinant la fin des *Murailles de Samaris*, Schuiten et Peeters aient pu introduire le personnage d'Eugène Robick, ne diminue en rien la coupure narrative entre ce livre et les volumes dont l'urbatecte sera le protagoniste; qu'inversement Robick fasse encore quelques apparitions fugitives dans *Brüsel*, le livre où les *Cités obscures* semblent changer vraiment de cap, ne signifie nullement que la lecture des six volumes précédents constitue un atout décisif pour la compréhension de cet album. De la même façon, la diversité interne de chaque tome ne s'est jamais prolongée d'une manœuvre d'arrêt ou d'interruption en fin de livre, comme s'il fallait coûte que coûte prévenir la déception finale du lecteur pressé[18]: on peut savourer l'adresse avec laquelle Benoît Peeters joue, par exemple dans *La Tour*, de la structure discontinue du feuilleton, insistant notablement sur les contrastes entre séquences, on peut regretter aussi que ce volume ne se termine pas avec la même agressivité dont avait usé Hergé à l'ultime page de *Tintin au pays de l'or noir*[19]. *Les Cités obscures* ne débouchent pas toujours sur une "happy end", mais au moins le lecteur est sûr de n'être jamais frustré d'un dénouement en bonne et due forme. Ce geste, il est vrai, il n'est pas exempt d'un brin de polémique à l'égard des séries contemporaines dont les divers tomes ne peuvent plus être lus indépendamment les uns des autres.

A côté de ce respect sans doute excessif du genre et de l'unité des livres, on observera aussi, prolongeant cette relative timidité, le peu de relations entre le réseau Peeters et d'autres œuvres, anciennes ou en voie d'élaboration: la dynamique du réseau reste surtout confinée au travail de Benoît Peeters même; il n'y a pas vraiment tentative de s'imbriquer dans d'autres œuvres afin de créer un réseau *au carré*[20]. A l'instar de ce qui se passe au niveau de chaque volume, les forces centripètes du réseau l'emportent ainsi avec plus de fermeté que ne le laissait présager l'effort de construire une œuvre par ailleurs si éclatée.

Rassembler en œuvre les œuvres de Benoît Peeters est donc toujours possible (et d'écrire sur elles, même sous forme de réseau, est bien sûr une façon de céder à pareille tentation). Continuer à pourvoir cette production d'un nom propre unique qui la concentre toute, ne l'est pas moins. Mais en déduire que Benoît Peeters, à l'opposé de certains modernes avec lesquels il sera nécessaire de le comparer attentivement[21], se refuse de mettre en question sa propre signature est un pas qu'il serait dangereux de franchir hâtivement.

Vu l'importance de cette question, y consacrer un chapitre entier ne saurait être un luxe.

NOTES

(1) Cf. "Retour à Samaris", postface (non paginée) de l'édition définitive (1988).

(2) "Entrevue avec Benoît Peeters", in *Imagine*, art. cité, p. 111.

(3) Cf. *Hitchcock, le travil du film* (o.c.) et l'étude (en espagnol) que Benoît Peeters a fait paraître dans le catalogue *Made in Tintin* (Barcelona, Biblioteca Nacional, 1993), "Vida y muerte de la línea clara", p. 19-24.

(4) Paris, éd. Aubépine, 1987.

(5) Cf. la nouvelle "Erratum", in *Affaires de style*, n° 3, 1986.

(6) Vladimir Nabokov, *Feu pâle*, Gallimard, 1965. De Renaud Camus, il faut songer surtout à *Travers I* (Paris, Hachette/P.OL, 1978) et *Eté (Travers II)* (id., 1982).

(7) On retrouvera ce problème dans le chapitre sur la mise en scène de l'auteur.

(8) Paris, Minuit, 1985.

(9) On emprunte cette terminologie à Gérard Genette, *Seuils*, Paris, Seuil, 1987.

(10) Voir le chapitre précédent, "L'écrivain au travail".

(11) Paris, Minuit, 1983.

(12) Crisnée, Yellow Now, 1981.

(13) Il faut songer ici au grand palindrome de *Nogegon* (Paris, Casterman, 1988), où le péritexte est inclus dans l'architecture globale du livre.

(14) Cf. l'article cité de Thierry Groensteen, "La légende des Cités".

(15) On rencontrera plus loin l'exemple de *Tommy Crane*, dont l'efficacité souffre indéniablement du caractère confidentiel de son premier lieu de publication.

(16) Ce point sera traité plus en détail dans le chapitre suivant.

(17) Voir aussi les pages 47-49 du volume sur les *Cités obscures* dirigé par M. Jans et J.-F. Douvry, o.c., où Schuiten et Peeters évoquent ce problème.

(18) Sur l'inachèvement de *La Bibliothèque de Villers*, qui est d'un ordre un peu différent, voir infra.

(19) On sait que le refus du capitaine d'achever son récit (et de permettre ainsi à la fiction de se terminer comme il faut) exhibe brutalement la coupure finale même (on ne trouve donc pas la coïncidence, comme dans la narration classique, d'une fin de volume et d'une fin de fiction).

(20) Il convient certes ici de nuancer un peu, tant les relations avec, par exemple, l'œuvre de Borges dépassent le simple niveau anecdotique (entre autres dans un livre comme *L'Archiviste*, tome troisième des *Cités obscures*, Casterman, 1987). Benoît Peeters évoque lui-même ce problème du "carré" dans "Le Petit Guide des *Cités obscures*", in *Les Saisons*, n° 1 et 2, 1991, où il présente dans un esprit très borgésien quelques "précurseurs" de la série.

(21) Cf. le chapitre "Benoît Peeters et les autres".

L'ECRIVAIN TEL QU'EN LUI-MEME

7.1. Une thématique à contrecourant

Quand paraissait *Omnibus*, en 1976, la surprise était certaine dans les milieux littéraires où évoluait Benoît Peeters. Rassemblée autour des éditions de Minuit (où il sortait donc son premier livre), de la revue Tel Quel (que sa première nouvelle publiée avait prise pour cible[1]) et des colloques de Cerisy (auquel il participait activement), l'avant-garde des années 60 et 70 avait en effet lancé l'anathème sur ce qui s'appelle aujourd'hui, maintenant que le thème est revenu à la mode, le *biographique*. Traversant alors la phase la plus radicale de son écriture[2], la littérature de recherche s'opposait farouchement à la double tradition sociologique et psychologique du roman et surtout de l'enseignement littéraire français. Faisant l'éloge de l'*autoproduction* du texte (créé au moyen de générateurs purement verbaux) et portant aux nues le caractère *autoréflexif* de la fiction (riche en thèmes propres à exhiber les mécanismes d'élaboration de l'écrit), ce genre de littérature proscrivait sans concession toute référence à l'univers psychique de l'auteur comme à la société dans laquelle survient le texte[3]. Ce sont les années fastes des *Corps conducteurs* et des *Révolutions minuscules*, de *Fuzzy sets* et *Lois*[4].

Dans ce microcosme alors au zénith de sa gloire, Benoît Peeters ne fait pas figure de dissident. Par ses interventions au colloque Robbe-Grillet[5], il s'impose comme un partisan fervent des thèses de Jean Ricardou, filiation que, par la suite et à la différence de la plupart de ses compagnons d'armes, il n'a jamais reniée. Ses sympathies sont aussi tranchantes que ses refus: les premières vont du côté des *machines à inspiration* à la Raymond Roussel; les derniers visent, avec une commisération non feinte, les adeptes de la croyance au message du grand Auteur[6].

Or, au lieu de faire paraître, comme ses amis, quelque nouvel avatar de l'*écriture textuelle*, Benoît Peeters signe une "biographie imaginaire de Claude Simon", où il va, entre autres choses et alors même que la sortie des *Géorgiques* (1981) et de l'*Acacia* (1987) n'avait pas encore atténué la perception très moderniste de l'auteur, jusqu'à lui attribuer le prix Nobel.

Ces pages ne seraient qu'une farce, une petite pochade permettant au jeune écrivain de se faire la main tout en profitant de l'occasion pour taquiner gentiment l'illustre modèle croqué comme un incorrigible pilier de bar avec un misérabilisme digne de Pinget[7], qu'*Omnibus* serait un livre inoffensif et "excusable". Mais l'ouvrage est construit de manière trop complexe, l'interrogation sur le matériau biographique se révèle trop poussée, la présence de l'auteur trop aiguë, pour qu'il soit possible d'écarter *Omnibus* comme une sorte de potacherie (à la sortie du livre l'auteur n'a que 20 ans). Même s'il le fait surtout sur un mode très humoristique, Benoît Peeters brise dans *Omnibus* le tabou qui avait pesé de très longues années sur la représentation de l'écrivain en chair et en os ou, plus exactement, comme personnage romanesque.

Deux hypothèses peuvent alors s'envisager. Ou bien *Omnibus* signifie un retour en arrière, qui sortirait du modernisme pour se rappeler nostalgiquement un type d'écriture que décidément il n'est plus permis de pratiquer. Ou bien le roman est en avance sur son temps, ouvrant une brèche où va s'engouffrer, avec une jubilation contagieuse, le nouvel esprit littéraire impatient de fêter les retrouvailles de l'homme et de l'œuvre.

L'examen de chacune de ces hypothèses montrera qu'il est plus avantageux de songer à une troisième voie, ni nostalgique du passé, ni enlisée dans les nouveaux lieux communs de l'époque.

7.2. *Variations sur "l'homme et l'œuvre"*

Qu'*Omnibus* soit à mille lieues du Lagarde et Michard, c'est-à-dire de l'ancienne confusion de l'homme et de l'œuvre, de très nombreux facteurs l'attestent immédiatement.

Essentiel est ici le fait que la biographie ne cesse de faire parade de son statut de fiction: avec la bande-annonce du livre ("Une biographie imaginaire de Claude Simon"), le livre proclame tout haut qu'il est avant tout œuvre d'imagination. Pareil refus de la vérité biographique doit se lire toutefois à deux niveaux.

D'une part, Benoît Peeters ne prétend nullement faire œuvre d'historien de la littérature, de sorte qu'il décourage d'emblée un certain type de lecture: avec *Omnibus*, si l'auteur ne les avait pas prévenus dès la couverture du volume, les curieux de la vie de Simon en seraient bien pour leurs frais. D'autre part, pour imaginaire que soit la biographie produite, il n'y a pas non plus supercherie quant au genre: on apprend beaucoup sur l'écrivain nommé Claude Simon, quand bien même les nombreuses révélations ne sont jamais ni vérifiables ni même crédibles. Très vite, on se rend compte que les détails biographiques jetés en pâture au lecteur aguiché possèdent, comme dans les plus purs des nouveaux nouveaux romans, une base textuelle on ne peut plus rigoureuse: ainsi l'alcoolisme de Simon provient-il incontestablement[8] d'un jeu anagrammatique sur "ivrogne"/"vigneron" (le "métier" dont Simon tire l'essentiel de ses revenus), de l'autre anagramme "Omnibus"/"Simon bu" et de la thématique du *pastiche*, et partant du *pastis*, qu'explore diversement le volume. La vie de Simon est donc *textuelle* plus encore qu'*imaginaire*: elle apparaît comme la conséquence d'une fiction, l'effet d'un processus d'écriture plutôt que l'objet qui lui sert, littéralement, de pré-texte. *Omnibus*, de ce point de vue-là, demeure un ouvrage d'inspiration résolument moderniste.

Une différence non moins parlante avec les manuels d'antan concerne le choix comme le traitement des sources. Loin de convertir en fiction un *fond* biographique, Benoît Peeters s'en tient dans *Omnibus* au *fonds* littéraire de Claude Simon. Il privilégie les textes littéraires de l'auteur, ne s'autorisant d'autres excursions que celles liées à l'œuvre même, telle la célèbre lettre de l'officier de cavalerie félicitant Simon du réalisme quasi photographique de *La Route des Flandres*[9]. La missive en question, toutefois, ne sort pas des archives secrètes de la famille dont l'auteur aurait fait le siège, elle est au contraire connue de tous les fidèles de Simon, qui a lui-même commenté à plusieurs reprises ce document significatif. Ici encore, la biographie de Claude Simon n'apparaît donc pas comme un amont vécu à reconstituer par le chercheur, mais bien plutôt comme un aval, l'effet d'un geste d'écriture.

En troisième lieu, enfin, l'attitude d'*Omnibus* est moins éloquente sur le plan du matériau brassé que sur celui des structures énonciatives du livre. Certes, le ton de Benoît Peeters est souvent moqueur et il dresse de Simon un portrait qui ne correspond guère à l'idée que l'on s'était faite de lui. Mais à côté de ces espiègleries[10], il importe de bien souligner les opérations autrement frauduleuses qui sapent la transparence narrative du volume.

En effet, personne n'est dupe des jeux de faussaire dont *Omnibus* est le théâtre, et c'est une entreprise pratiquement impossible que de déterminer les frontières précises du vrai et du faux, de la citation et de l'original, de la reprise trafiquée et du pastiche déclaré[11]. De pareille situation, il découle d'abord une incertitude universelle, évidemment contraire à toute "éthique" de biographe traditionnel. Mais il en résulte aussi un retournement de l'irrévérence postulée au début de la lecture: ouvrage drôle et même par moments caustique, *Omnibus* témoigne finalement d'une puissante émulation du style simonien, comme si l'auteur avait vraiment voulu se fondre dans la phrase de Simon qu'il contrefait avec tant d'adresse. Enfin, les manipulations narratives expliquent également que la tâche et la place du lecteur ne sont plus celles que prévoit une biographie conventionnelle: c'est un point, on le verra sous peu, qui n'est pas de détail.

7.3. L'anticonfession

Les années 80 ont assisté, nul ne l'ignore, à l'explosion du courant (auto)biographique, et ce dans tous les domaines de la chose littéraire[12]. De la théorie de pointe chez *Poétique* à la plus humble des fictions à la *Pensée universelle*, le refoulé biographique fait retour de manière insistante: de tous côtés l'homme pénètre l'œuvre. Du relatif antagonisme de ces deux domaines il ne reste plus rien: le sujet de l'œuvre, c'est, de plus en plus, la vie de l'auteur, qui se raconte, qui médite la vie de ses parents ou la saga de ses aïeuls et aïeux quand il est jeune, qui devenu vieux s'intéresse à ses petits-enfants; inversement, cette vie ne se distingue plus guère de la fiction, c'est un matériau brut qu'on adapte, façonne, complète, à la limite transforme pour les besoins de la cause. L'*autofiction*, ce mariage de l'autobiographie et de l'imaginaire[13], vit sa lune de miel avec un public friand d'aveux aussi crus que rendus digestibles par une pincée d'invention.

En sa prolifération hystérique, l'inclination à l'autobiographie, avec son chevauchement des faits et de la fiction, semble donc avoir rattrapé, puis laissé sur place, les intuitions d'*Omnibus*. A mieux y regarder, toutefois, il apparaît que la "biographie imaginaire de Claude Simon" et partant, indirectement, les substances autobiographiques du réseau Peeters, n'anticipent pas vraiment sur la grande vague de l'autofiction.

En tête des contre-indications, il est impératif de placer l'absence pure et simple du réflexe autobiographique. On a vu que, s'il aime parler dans ses fictions d'autres écrivains, Benoît Peeters n'y a rien d'un biographe classique[14]. On verra bientôt que, s'il aime également à se mettre en scène, Benoît Peeters s'arrange bien pour ne jamais parler de lui-même (il n'est pas faux de croire que c'est encore dans son interrogation sur le métier d'écrire dans son *Paul Valéry, une vie d'écrivain?* que l'auteur s'est livré le plus). Son amour de soi ne débouche jamais sur cette littérature de confessionnal où l'auteur s'épanche sur l'épaule du lecteur plus curieux souvent de la chose dite que de la manière de dire.

Autant que, d'*Omnibus*, il est impossible de tirer quoi que ce soit d'utilisable pour une véritable biographie de Claude Simon, autant les manières dont Benoît Peeters se présente lui-même à ses lecteurs sont décevantes pour qui s'intéresse à la vie de l'auteur.

Parallèlement, il est important de noter que Benoît Peeters refuse catégoriquement, à l'intérieur d'un même ouvrage, ce trait majeur de la littérature autofictionnelle contemporaine: le mélange ou l'alternance du vrai ou du faux, de l'attesté et du fictif, du vérifiable et de l'imaginaire. Ce qui se trouve mélangé, ce sont seulement des textes. Dans "Contrepoint", sans doute le texte le plus autobiographique que Benoît Peeters ait jamais publié, le passage à la troisième personne ne sert nullement à introduire par la bande des ajouts destinés à rendre la vie de l'auteur moins insipide ou plus cohérente, plus séduisante ou moins banale. Le remplacement de "je" par "il" dénote plutôt un désintérêt à l'égard du pacte autobiographique, qui braque le regard du lecteur sur autre chose que le texte lui-même. La lecture souhaitée et poursuivie par Benoît Peeters étant toute différente, l'axe autobiographique ne peut en aucune façon, sauf déni inconscient ou flagrante contradiction, se loger au cœur de l'écriture de fiction.

Reste le problème qu'en dépit de son refus de toute autofiction, Benoît Peeters occupe souvent le fond et parfois carrément le devant de la scène. Pour bien comprendre cette particularité, il faudra se pencher tout d'abord sur la façon plus générale dont s'incarne le personnage de l'écrivain, qu'il s'agisse de Benoît Peeters même ou d'un auteur tiers.

7.4. La non-affaire Stevenson

Les réticences à l'égard de la vogue autobiographique possèdent donc leur origine dans une défense et illustration du texte, c'est-à-dire aussi, indissolublement, d'un type de lecture qui se concentre sur les lois et mécanismes de l'œuvre-même, plutôt que sur ses rapports avec les modèles externes qu'on pourrait bien lui trouver. Les figures de l'écrivain, les permutations d'identité, les pièges dont regorge le travail de Benoît Peeters ne dérivent pas vers une problématique du référent. Ils imposent et renouvellent, à l'intérieur même du texte de fiction, une certaine conception de l'écrivain. A l'instar du passage de l'œuvre classique à la notion plus moderne d'écriture en réseau, les représentations à première vue classiques de l'écrivain comportent en effet une prise de position très nette à l'égard des vieux problèmes de l'écriture autobiographique et de la représentation de soi en tant qu'écrivain. Les variations sur le personnage de Tommy Crane serviront ici de fil conducteur à l'analyse: elles constituent, par leur caractère systématique et les ramifications qu'elles engendrent, un des filons majeurs de l'écriture de Benoît Peeters: elles exhibent l'importance du thème de l'auteur, elles explicitent en même temps les ressorts et mérites de l'écriture en réseau.

A la question formulée dans *Plagiat* (album en l'occurrence tout à fait capital): "Qui est Tommy Crane?", il serait vain de ne chercher de réponse que dans cette seule bande dessinée (inspirée par l'affaire De Jaeger[15]), tout comme il s'avérerait insuffisant de ne la compléter que par la lecture du seul *Omnibus* (qui présente avec elle un sérieux air de famille).

Pour qui arpente le réseau Peeters, le nom de Tommy Crane en rappelle tout de suite un autre, moins connu peut-être mais incontournable pour la bonne compréhension des deux volumes cités. Un personnage de même nom s'était déjà manifesté dans une nouvelle inédite de Robert Louis Stevenson, "L'Audacieux pari de Tommy Crane"[16] révélée au public français par les bons soins de Benoît Peeters et Michel Gauthier[17], à peu près au moment où ces deux auteurs traduisaient et retraduisaient quelques-uns des chefs-d'œuvre d'Henry James[18].

Rappelons d'abord l'intrigue. Revenu au village après une très longue absence, lord Owen Otherfield, grand voyageur et non moins grand conteur, finit par avoir, au bout d'une période de silence où de nombreux malheurs s'abattent sur sa contrée natale, la plus curieuse des carrières: sur ce qu'il a vu et vécu, il observe un mutisme absolu; mais après force péripéties qui semblent toutes désigner l'épuisement de son ancienne veine, il se métamorphose en un romancier fêté, spécialisé dans le roman historique et d'évasion. Quant à Tommy Crane, écrivain marginal exclu de la petite communauté d'où s'épie et se commente le sort d'Otherfield, lui seul semble avoir percé le mystère du gentilhomme et prédit l'issue de sa crise littéraire. Une clausule fort abrupte précise alors:

"Je puis maintenant en arriver au plus incroyable de cette affaire, à cet authentique coup de théâtre que j'appris de la bouche même de l'intéressé: peu de temps après que le malheureux artiste eut été mis au ban de la société de Kenmore, Lord Otherfield avait recueilli, lui permettant ainsi de renouer avec une œuvre restée trop longtemps insaisissable, le marginal Tommy Crane."

Loin pourtant d'en rester là, les traducteurs, qui signent du pseudonyme transparent Gauthier Peeters, accrochent à la nouvelle de Stevenson un commentaire[19], qui donne à "L'Audacieux pari de Tommy Crane" un certain nombre de tours nouveaux, dont le dernier est celui d'une véritable affaire.

De manière fort explicite, diverses facettes de l'aspect éminemment littéraire et moderne de la nouvelle stevensonienne y sont d'abord mis en lumière. Empruntée à Raymond Roussel, l'épigraphe de l'article affirme les droits inaliénables de la fiction: "(De tous mes) voyages, je n'ai jamais rien tiré pour mes livres. Il m'a paru que la chose méritait d'être signalée tant elle montre clairement que chez moi l'imagination est tout." L'allusion finale à Henry James, de son côté, dont les cinq nouvelles rassemblées dans le recueil traduit par Michel Gauthier, Benoît Peeters et John Lee illustrent souvent un propos identique au sort d'Otherfield, permet de réitérer la disjonction sévère de la "vie" et de l'"œuvre". Dans le droit fil de la thématique esquissée, l'inteprétation subtile du conte par Gauthier Peeters aiguise enfin le statut ludique de l'histoire narrée. Selon les traducteurs, Stevenson se serait en effet amusé à jouer avec le code narratif de son époque, fabriquant un récit volontairement troué, inachevé, raté en quelque sorte, puis il aurait multiplié les motifs du vide désignant en retour, à hauteur de fiction, les failles techniques sur le plan de la structure.

Il y a, toutefois, bien davantage, car la note explicative de Gauthier Peeters, pour exhaustive qu'elle paraisse, laisse dans l'ombre ce détail-là du texte qui concerne précisément la relation entre Robert Louis Stevenson et Gauthier Peeters. Rien n'est dit en effet, de l'intrigante chute de la nouvelle.

Même lors d'une toute première lecture, et sans que l'on doive être au courant des mystifications analogues consignées dans *Omnibus*, un soupçon précis s'installe: la simultanéité des deux événements que sont le déménagement de Crane et le retour d'Otherfield à la vie littéraire, puis l'ambivalence grammaticale de la phrase finale[20], infléchissent le lecteur à voir dans Crane le nègre d'Otherfield et à interpréter le succès du dernier comme tributaire du labeur du premier.

Telle conclusion admise, comment résister à de nouveaux soupçons? Puisque les traducteurs passent si violemment outre à ce détail significatif du texte, pourquoi ne pas penser que le couple Otherfield/Crane participe lui aussi à la dimension métaphorique de la fiction? Comment résister à la tentation de voir dans leur commerce le symbole du rapport piégé entre le signataire du texte et son véritable véritable auteur, bref entre Robert Louis Stevenson et Gauthier Peeters? Le nom même du protagoniste avouerait ainsi son secret littéral: suivant les conseils et l'exemple des traducteurs (qui passent dans leur traduction comme dans leur commentaire d'une langue à l'autre), on peut entendre, tapie dans "crane", l'anagramme "écran"; lovée dans "Tommy", on percera l'allusion paragrammatique "(à) mi-mot". Quant à "Otherfield" ("Autre champ"), ne dit-il pas l'altérité? Et l'audacieux pari en question, ne serait-il pas aussi la gageure des deux faussaires?

La déduction est-elle par trop irrecevable? Informés de la découverte du splendide inédit, les spécialistes de Stevenson ne jugeaient pas nécessaire d'alerter le public: d'"affaire", il n'y en eut point. Les raisons de ce silence ne peuvent évidemment qu'être devinées. Plusieurs découvertes récentes de *vrais* manuscrits de Robert Louis Stevenson avaient-elles endormi la proverbiale méfiance universitaire? La réputation du grand Ecossais rendait-elle son œuvre invulnérable à ce genre d'opérations frauduleuses? L'écrit fabriqué par Gauthier Peeters était-il trop réussi, c'est-à-dire trop sérieux, pour mettre la puce à l'oreille? Ou, tout simplement, les premiers lecteurs de "L'Audacieux pari de Tommy Crane" avaient-ils par trop négligé d'autres écrits pour se rendre compte du mystère caché dans les lettres[21]?

Cette dernière remarque est fondamentale, car elle met en lumière quelques caractéristiques majeures de l'écriture de Benoît Peeters: le fonctionnement en réseau d'un côté, l'intervention active du lecteur de l'autre. Les deux sont d'ailleurs en constante interaction: même s'il a compris d'emblée, le lecteur de "L'audacieux pari de Tommy Crane" continuera sa lecture, non plus dans le but de mesurer la nouvelle de Stevenson à l'aune du réseau, mais, inversement, afin de faire fructifier le réseau des lumières tirées du récit stevensonien. Corollairement, le parcours du réseau fera surgir de nombreux aspects à creuser par le lecteur, au-delà sans doute des intuitions du signataire.

7.5. De Crane aux Crane

Avec "L'Audacieux pari de Tomme Crane", le réseau Peeters montre bien à quel point le problème de l'auteur, du signataire, du double, occupe une position centrale, sans toutefois dévier vers la question (auto)biographique. Celle-ci, au contraire, retraitée par voie de fiction, s'avérera appelée à devenir un opérateur de lecture, un outil de déchiffrement.

D'*Omnibus* à *Plagiat*, qui forment avec "L'Audacieux pari" un véritable triptyque, de nouvelles figures, de nouvelles structures, de nouvelles variantes s'adjoignent, tout en rehaussant davantage encore le rôle clé du volume qui les coiffe et inspire tous: *La bibliothèque de Villers*.

A l'opposé de la nouvelle traduite par Gauthier Peeters, ni *Omnibus* ni *Plagiat* ne comportent -au niveau du dispositif éditorial- de leurre au sens strict du terme. Les singularités de la composition en font pourtant à chaque fois de précieux maillons dans la chaîne ici explorée.

D'un certain point de vue, les deux volumes démasquent et par là-même circonscrivent, les mécanismes du faux littéraire, que l'on attribue en cachette son texte à quelqu'un d'autre ou qu'on s'approprie indûment le travail d'autrui. Dans *Omnibus*, le lecteur ne croit ainsi à aucun moment être en face de vrais inédits de Simon. D'abord parce qu'il s'agit uniquement d'extraits enchâssés dans un roman qui feint de les citer. Ensuite parce que l'appareil périgraphique du livre joue cartes sur table et ne cherche guère à accréditer la thèse des faux Simon. Dans *Plagiat*, qui a pourtant semé le trouble par le curieux dossier biographique du protagoniste inclus à la fin de l'ouvrage, le dévoilement du tricheur est plus direct encore, puisqu'on le voit échouer dans la fiction même. Se sentant spolié par Tommy Crane, obscur artiste américain vivant loin des média, le grand peintre belge Van Meer perd d'abord le procès intenté à son mystérieux concurrent, avant de réussir à l'éclipser en se faisant passer pour lui. Van Meer assassiné, sans doute par Crane, celui-ci sombre dans une crise d'identité qui l'empêche de reprendre l'initiative et de réclamer, avec son être usurpé, la paternité des œuvres confisquées par celui-là même qu'il croyait être parvenu à plagier.

Structuralement les deux livres comportent néanmoins des éléments bien plus troublants. On a beau savoir, ainsi, que les fragments apocryphes d'*Omnibus* attribués à Simon ont été rédigés par Benoît Peeters, on ne se perd pas moins à d'autres endroits du livre. Il devient en effet vite impossible de mettre les passages "innocents" sur le compte d'un des auteurs rivalisant pour la parole: citations cryptées de Claude Simon, textes originaux de Benoît Peeters, phrases de Benoît Peeters pastichant Simon, lignes de Simon transformées de manière à ressembler à du Peeters, etc.? De la même façon, que l'on sache, dans *Plagiat*, qui est le voleur et qui le volé, n'empêche nullement la venue de questions plus insidieuses. Car tout plagié qu'il est, Van Meer n'en est pas moins lui-même le plus fieffé des imitateurs. Si son nom, contraction de Vermeer et Van Meegeren, ne suffit pas à le dénoncer, ses toiles, pâles copies de Valerio Adami, le font bien à sa place[22]. Qui plus est, *Plagiat* même ne reste pas à l'abri des réflexions en tous genres et en tous sens que déploie l'intrigue: le scénario accuse des convergences certaines avec plusieurs aspects d'*Omnibus*[23], autre réalisation de Benoît Peeters qui commet ainsi une manière d'*autoplagiat*, concept propre à miner toute solution simple au problème de la copie et de l'original.

Les différences entre le traquenard de "L'audacieux pari de Tommy Crane", d'un côté, et les structures plus rassurantes, pense-t-on, d'*Omnibus* et de *Plagiat*, de l'autre, s'avèrent ainsi bien illusoires. Les deux derniers volumes ne cherchent pas plus à donner aux lecteurs une solide assise que le premier récit ne songe à les duper durablement. C'est au contraire leur trait commun qu'il est urgent de faire ressortir: l'activation du rôle de la lecture, à qui il incombe, toujours, de trancher (quitte, bien sûr, à... poursuivre).

A travers tous les portraits d'artistes et d'écrivains, au-delà des mille et une variations, le travail de Benoît Peeters conduit toujours, en première et dernière instances, à la convocation du lecteur. Avec l'auteur, celui-ci forme un couple inséparable. L'un est à tel point le partenaire de l'autre que tout portrait du premier fait advenir, comme en surimpression, le double du second.

Aussi le sous-ensemble Tommy Crane peut-il, à sa façon, être lu comme le prolongement direct de *La Bibliothèque de Villers*, noyau secret du réseau Peeters où l'écrivain littéralement s'efface, s'arrête d'écrire, afin de mieux donner la parole et la plume à son lecteur.

7.6. Tiens, l'auteur!

Les premiers montages dans lesquels s'insère le personnage de l'écrivain le font comprendre tout de suite: les apparitions de Benoît Peeters au sein du réseau, non plus comme signataire mais en tant que personnage, ne pourront pas être assimilées à de simples clins d'œil, par exemple dans l'esprit d'un Hitchcock[24] ou, plus traditionnellement, de ces peintres, de Van Eyck à Courbet, qui signent leurs toiles en s'y réservant une place de figurant.

Le cas du roman-photo *Fugues*[25], fournira ici l'occasion de construire la manière tout à fait unique dont l'écrivain se montre à ses lecteurs. Que la représentation y soit d'abord visuelle ne change rien, on le verra, aux enjeux ou à l'orientation du geste.

La moins clandestine de ces manifestations concerne sans doute les quelques photos de la page 112 où l'on voit Benoît Peeters et les deux autres auteurs du livre penchés sur un billard, sous une affichette publicitaire pour le Tiercé.

La lecturabilité de cette opération est, à quoi bon le nier, sinon fort douteuse, du moins très inégale. Si le déchiffrement n'est pas interdit, la lecture ne peut certes pas s'appuyer sur la reconnaissance du profil de Benoît Peeters, bien moins connu que celui d'Alfred Hitchcock (ou de Pedro Almodovar, pour prendre aussi un exemple plus récent). Mais plusieurs indices s'allient pour faire soupçonner quand même que l'homme du billard est vraiment (le très jeune) Benoît Peeters: d'abord l'idée de *jeu*, commune au billard et au roman-photo *Fugues*, qui se donne très visiblement pour une machination ludique[26]; ensuite l'insistance sur le *trois*, qui rattache cette scène à la contrainte de base du livre[27] et qui permet de voir dans ce trio unique de deux femmes et un homme l'équivalent de la figure triple de l'auteur de *Fugues*; enfin l'identification, dans le générique, des *acteurs* du volume, parmi lesquels on trouve ce "Ben Streepe", forme abrégée et anagrammatisée du nom de "Ben(oît) Peeters".

Mais que perd-on si l'identification n'a pas lieu (car Benoît Peeters se dissimule autant qu'il se montre)? La réponse ne doit plus étonner: *rien*, si ce n'est, évidemment, la prime de plaisir du *private joke*. L'éventuelle solution de continuité entre tel personnage fictionnel et "Benoît Peeters", puis l'anonymat durable des trois joueurs penchés sur le billard, n'empêchent pas en effet de repérer dans le livre, ni la force du 3, ni encore la coïncidence métaphorique du décor fictionnel du billard et de la construction du récit comme jeu, ni enfin la valeur emblématique des trois personnages, visible transposition de l'écrivain à contraintes et à collaborations.

La reconnaissance de l'*individu* Benoît Peeters et la reconnaissance de son *rôle* particulier d'écrivain s'avèrent donc à la fois radicalement *disjointes* et parfaitement *convergentes*.

La disjonction? Elle résulte d'une différence de lecturabilité. La mise en scène de Benoît Peeters est de l'ordre de l'allusion, dont le décodage présuppose la plupart du temps un savoir déjà acquis. La représentation de l'auteur, en tant que personnage et rôle, est par contre déchiffrable par n'importe quel lecteur.

La convergence? Elle résulte d'une similitude au niveau des bénéfices qu'assure la perception de l'individu, d'un côté, et du rôle, de l'autre. L'identification de Benoît Peeters n'est en effet pas un élement indispensable à la lecture du travail où il se manifeste (quand bien même le plaisir d'"etre dans le coup" n'est pas négligeable). Mais là où elle se produit, se renforce surtout la portée des découvertes déjà permises par l'interprétation des symboles de l'auteur. Elle le fait d'abord négativement, en coupant court à toute interprétation autobiographique. Comme rien n'est à chercher de ce côté-là, le lecteur ne se laissera plus distraire par l'individu et se concentrera exclusivement sur le rôle qu'il joue. Elle le fait aussi positivement, en dirigeant encore plus l'attention du lecteur, à travers le recours à un individu surdéterminé, vers le statut et la position de l'écrivain, qui cesse d'être un rôle *social* pour devenir une instance strictement *fonctionnelle*: puisque l'écrivain apparaît come une aide de lecture, il est logique que le lecteur ne tarde point à reconnaître en lui *son propre double*. Car il n'est pas de différence fondamentale, dans le réseau Peeters, entre l'activité de l'auteur et les opérations que le lecteur est invité à accomplir.

Telle analyse, les autres mises en scène de Benoît Peeters la corroborent sans exception. Qu'il s'agisse du Pierre Lidiaux de *Prague*, autre adaptation et inversion du nom et du prénom de l'auteur (Benoît/idiot/Lidiaux, Peeters/Pierre); qu'il s'agisse de l'invisible Pedro dans le très latin *Transpatagonien*; qu'il s'agisse encore de Van Meer ou des migrations d'un Lessing, autres représentants de l'auteur ou de l'artiste dans le réseau Peeters, c'est toujours le même déplacement de l'individu à la fonction, puis l'ouverture du rôle de l'auteur à l'intervention du lecteur, qui peuvent être observés.

En dépit de son ubiquité, l'individu Benoît Peeters se met donc parfaitement entre parenthèses. Il se rature pour mieux permettre au lecteur de lire et surtout d'écrire le texte. Le fait de se montrer sans arrêt comme un personnage de fiction n'est donc pas pour Benoît Peeters un moyen de rédiger une autobiographie à la troisième personne[28], c'est pour le réseau Peeters une façon de happer le lecteur à l'intérieur de son labyrinthe au travail.

NOTES

(1) "Puissances", in *Minuit*, n° 15, 1975.

(2) Pour plus de détails, voir le premier chapitre de mon essai *Aux frontières du récit*, Toronto & Louvain, éd. Paratexte & PU Louvain, 1987, qui s'attache à décrire le passage du Nouveau Roman des années 50 et 60 au Nouveau Nouveau Roman des années 70.

(3) Un bon exemple de pareille autoproduction est commenté par la section 5 des *Nouveaux problèmes du roman*, Paris, Seuil, 1978, où Jean Ricardou s'explique avec force détails sur la genèse de son roman *La Prise/Prose de Constantinople*, Paris, Minuit, 1965.

(4) Claude Simon, *Les corps conducteurs*, Paris, Minuit, 1971; Jean Ricardou, *Révolutions minuscules*, Paris, Gallimard, 1971; Claude Ollier, *Fuzzy Sets*, Paris, UGE; coll. 10/18, 1970; Philippe Sollers, *Lois*, Paris, Seuil, 1972.

(5) *Alain Robbe-Grillet (colloque de Cerisy dirigé par Jean Ricardou)*, Paris, UGE, 1976, 2 tomes.

(6) Cf. interview dans *Comment écrivent-ils?*, o.c., entre autres.

(7) A côté de Simon, Robert Pinget s'avère en effet le grand inspirateur d'*Omnibus*. C'est Pinget en effet qui, de tous les nouveaux romanciers, a travaillé le plus, par ses variations sur le couple du maître et de l'esclave, le lieu commun du faux et du plagiat. *Autour de Mortin* (Paris, Minuit, 1965) et *Cette voix* (id., 1975) en proposent des exemples fort intéressants.

(8) A moins que...

(9) Voir le dossier constitué par les responsables de la revue *Entretiens*, n° 31, éd. Subervie, Rodez, 1972, où cette lettre se trouve reproduite.

(10) Dont l'auteur a l'élégance de ne pas s'exclure, puisqu'il baptise l'apprenti-biographe du nom symbolique de *Lidiaux*.

(11) Voir Jean-Christophe Cambier, "Lectures pour tous", in *Critique*, juin-juillet 1977.

(12) Voir le numéro spécial n° 224, 1991-4, de la *Revue des Sciences hu-*

maines dirigé par Alain Buisine, ainsi que l'article de synthèse de Dominique Viart dans l'ouvrage collectif *Questions et aspects de la littérature française* (o.c.).

(13) Le terme a été forgé, puis largement illustré, par Serge Doubrosvky. Des auteurs comme Pierre Bergounioux et Pierre Michon participent de la même veine.

(14) L'écriture vraiment biographique prend place dans des ouvrages qui ne sont pas de fiction, comme par exemple *Paul Valéry, une vie d'écrivain?* (o.c.).

(15) Inventeur du portrait-polaroïd, le jeune plasticien belge Stefan De Jaeger accusa un jour David Hockney de lui avoir volé le principe de sa trouvaille. Se défendant fort maladroitement, il finit par abandonner jusqu'à sa propre technique.

(16) La traduction est parue dans le numéro 4, automne 1984, de la revue *Conséquences*, p. 55-59.

(17) Théoricien de l'art, Michel Gauthier est l'auteur d'une étude sur la problématique du "in situ" qui a fait date: *Les Contraintes de l'endroit*, Paris, Les impressions nouvelles, 1987.

(18) Paris, éd. de l'Equinoxe, 1984 (repris dans la collection Points).

(19) "Des points blancs sur la page", id. p. 60-62, cf. Annexe 3B de ce livre.

(20) La forme prononiminale "lui", dans "lui permettant de renouer avec une œuvre trop longtemps restée insaisissable", renvoie certes à Crane, mais pourrait renvoyer aussi, au prix d'une légère anacoluthe, à Otherfield même.

(21) L'honnêteté oblige à préciser que le signataire de ces lignes est d'abord tombé, comme tant d'autres, dans le panneau.

(22) David Hockney, le plagiaire "réel", devient, dans une ironie typique de l'album, le dédicataire de l'opération: loin de l'accuser du rôle qu'il aurait joué par rapport au plagié "réel", Stéfan De Jaeger, les auteurs du livre lui dédient leur travail!

(23) Van Meer est d'ailleurs représenté sous les traits de Benoît Peeters, selon une logique qui sera examinée dans la section suivante de ce chapitre.

(24) Voir *Hitchcock/Truffaut*, éd. définitive, Paris, Ramsay, 1983.

(25) Paris, Minuit, 1983. Scénario de Benoît Peeters et Joëlle Meerstx, photographies de Marie-Françoise Plissart.

(26) Que le jeu en question soit justement le billard, se comprend d'autant mieux que cette distraction, ou plutôt ce *vocable*, a pratiquement acquis une valeur de fétiche pour tous ceux qui se piquent de modernité depuis que Raymond Roussel, dans son *Comment j'ai écrit certains de mes livres* (o.c.), s'en était servi pour la fabrication d'un de ses textes de jeunesse.

(27) Comme l'avait très bien souligné le compte rendu de Jean Ricardou, "Nouvelles aventures du triangle", in *Conséquences*, n° 1, 1983.

(28) Ce serait bien sûr la conclusion qu'on serait tenté de faire sous l'influence des théories de Philippe Lejeune, elles-mêmes "portées" par la vague de l'autofiction.

BENOIT PEETERS ET LES AUTRES

8.1. Où comparaison est raison

Telle qu'on a pu l'étudier, l'originalité de Benoît Peeters tient sur-tout à ces deux mutations: la métamorphose de l'œuvre en réseau, la nouvelle approche des relations entre l'écriture et la vie. Ces transfor-mations, on les sait maintenant liées inextricablement: c'est en effet dans la précise mesure où l'écriture de Benoît Peeters peut contester l'image de l'auteur comme caution finale de l'unité d'une œuvre, qu'il est loisible que le personnage de l'écrivain vienne s'insérer d'une ma-nière non autobiographique dans le travail du texte.

Cette double originalité est réelle, mais en même temps aussi rela-tive: d'autres écrivains que Benoît Peeters s'intéressent de près à ces problèmes, bien sûr, auxquels ils trouvent parfois des solutions diffé-rentes. L'originalité est donc relative, mais aussi réelle, comme le montrera dans les pages qui viennent la comparaison avec cinq autres écrivains dont Benoît Peeters a souvent été rapproché. Certains de ces auteurs (dont Benoît Peeters) ont même été regroupés sous la même étiquette par les critiques les plus attentifs aux changements du paysa-ge littéraire dans la deuxième moitié des années 70[1]. Permettant de ba-layer les principales facettes de l'art d'écrire d'aujourd'hui, Benoît Peeters partage avec tous ces auteurs le désir de prendre la relève de la modernité sans tomber dans les surenchères contestées et contes-tables de la littérature parfaite mais illecturable des années 70. Si, au terme de ce périple, Benoît Peeters ne s'avère pas le plus radical de ces écrivains, on aura eu l'occasion de vérifier qu'il en est peut-être bien le plus *conséquent*.

Confronter une série d'écritures n'a cependant pas pour but d'éta-blir un palmarès, moins encore de distribuer de bons ou de mauvais points, quand bien même il faut éviter de faire l'impasse sur les avan-cées ou les faux-pas de l'écriture chaque fois qu'il est possible d'en faire l'analyse. Comparer, c'est avant tout une manière de prendre le contrepied du laisser-aller fataliste qui gouverne actuellement les des-criptions de la littérature. Loin de ne présenter que le paysage chao-tique, voire définitivement éclaté que beaucoup déplorent, l'écriture d'aujourd'hui s'organise selon des problématiques générales, qu'il y a lieu de faire jaillir même à partir du travail d'un écrivain unique. Pour ce faire, il importe toutefois de changer d'échelle et de sortir de l'enclos fallacieux des genres, des générations ou même de la seule pratique littéraire, catégories sans doute désormais trop étroites pour saisir les véritables enjeux d'un geste d'écriture.

Les cinq écrivains retenus ont été choisis tant en raison de leur importance intrinsèque, qu'à cause de la proximité plus ou moins grande qu'on peut distinguer entre leur travail et les interrogations et trouvailles de Benoît Peeters (celui-ci a, d'ailleurs, écrit plus ou moins longuement sur presque chacun d'eux). Aussi la comparaison portera-t-elle en tout premier lieu sur le double problème de l'écriture en réseau, d'un côté, et sur l'implication de l'auteur en personne, de l'autre.

Annonçons déjà que le résultat de l'enquête se révélera des plus hétérogènes, tout d'analogies escomptées et inattendues, tout aussi de divergences décapantes et banales. Mais le réseau Peeters ne serait pas ce qu'il est si l'investigation n'éclairait toujours davantage la fertilité même de la notion de réseau et des diverses stratégies nouvelles de concevoir une véritable *écriture* de soi.

8.2. Renaud Camus: pour un réseau d'auteur

Au risque de surprendre plus d'un, on dira qu'aucun écrivain n'est sans doute plus proche de Benoît Peeters, ou vice versa, que Renaud Camus (°1945).

Quand bien même le lecteur des années 90 opposerait volontiers l'auteur à succès et gros tirages à celui n'ayant obtenu, et encore, que de minces succès d'estime, il est en effet nécessaire de commencer ce tour d'horizon par le cosignataire des *Eglogues*, le pamphlétaire gay des *Chroniques achriennes*, le journalier impénitent et impertinent des lettres françaises, le chroniqueur mélancolique du règne de Roman II, roi de Caronie, la voix lyrique enflammée des *Elégies*.

Chronologiquement, culturellement, littérairement, tout rapproche Renaud Camus et Benoît Peeters: la date de parution de leur premier livre: 1975 et 1976; le milieu intellectuel autour duquel ils gravitaient, il est vrai en toute indépendance (et un brin de paresse et de dandysme?): la mouvance théorique issue des séminaires de Roland Barthes, qu'ils ont suivis tous les deux; des préférences stylistiques aussi communes que relativement rares: le goût de la prose française classique, adoptée non pas *malgré*, mais *en raison* d'un credo moderniste (celui du moderne *lisible*); l'interrogation enfin, sur l'écriture et le sujet, même si -on ne tardera pas à s'en rendre compte- c'est sur ce point précis que les différences auront tout lieu de s'affirmer.

A creuser ce dernier aspect, qui touche directement les problèmes de l'écriture en réseau et des rapports entre vie et œuvre, il apparaît que la démarche typique de Renaud Camus constitue à la fois un double radicalisé et une pâle copie du travail de Benoît Peeters. Elle en esquisse aussi bien, dans des proportions qu'il faut essayer de bien mesurer, un au-delà qu'en en-deçà.

S'agissant tout d'abord du réseau, la position de Renaud Camus s'impose d'emblée comme une variante plus poussée de celle de Benoît Peeters, du moins dans sa "trilogie en quatre livres et sept volumes" que forment ses *Eglogues*[2]. Comme l'auteur s'en est lui-même longuement expliqué, cet immense "work in progress" obéit à deux principes théoriquement simples, mais fort épineux quant à leur réalisation pratique[3]: d'une part l'*autoproduction*, qui fait que l'entière somme égloguienne est dérivée d'un premier lexique relatif à la situation embryonnaire de l'auteur assis à sa table de travail, regardant par la fenêtre, entouré de ses livres...; d'autre part la *surdétermination réciproque de tous les éléments*, qui oblige les *Eglogues* à garantir à chaque nouvelle unité le même degré d'insertion textuelle que les parties déjà intégrées. Dans le cycle d'avant-garde qui en résulte, la constitution d'un réseau et la subséquente mise en question de l'auteur vont à coup sûr beaucoup plus loin que chez Benoît Peeters. Toute codification générique vole en éclats: la question initiale de savoir à quel type de roman, puis à quelle catégorie d'écriture on a affaire, devient très vite oiseuse. La position de surplomb de l'auteur s'effrite: Renaud Camus fonctionne moins comme une instance de régulation discursive que comme un signifiant alimentant, jusqu'à la dislocation du prénom et du patronyme de l'auteur, la machine d'un texte qui se trouve attribué à un nombre sans cesse croissant de signataires. Le décentrement global est indubitable: convoquant de nombreux prélèvements venus d'ailleurs, les *Eglogues* interdisent catégoriquement d'aborder ces inserts en termes d'identité; la distinction entre le cité et le citant se perd, tant par la multitude de citations travaillées (au moins une phrase sur quatre dans le premier tome, virtuellement toutes vers la fin provisoire du cycle) que par le caractère clandestin de l'opération (comme les guillemets tombent la plupart du temps, les citations ne sont ni identifiées ni même déclarées).

Si *impersonnelle* est finalement la manière dont les phrases succèdent aux phrases, les paragraphes aux paragraphes, que Renaud Camus peut sans aucune difficulté y injecter, presque sans maquillage, d'innombrables éléments autobiographiques. A l'instar de ce qui se passe avec le nom de l'auteur, ces unités relancent plus l'énergie textuelle qu'elles ne cautionnent quelque reprise en main des *Eglogues* par le premier de leurs signataires.

A mesure toutefois que se développe la série, un réseau d'abord se-condaire, puis rapidement second, se met en place, pour peu à peu se substituer au premier. Or, ce nouvel ensemble diffère considérable-ment de celui des *Eglogues*, car les écrits de Renaud Camus, qu'il est maintenant seul à signer, consentent à se ranger dans les cases parfois préfabriquées des genres, fussent-elles néologiques: les textes du dé-but se muent en *Eglogues* (le terme apparaît dès le troisième tome de la série), les humeurs et les essais se rangent sous la bannière des *Miscellanées*, il y aura un *Journal*, d'ailleurs l'une des grandes entre-prises éditoriales de ces dix dernières années dans le domaine de la lit-térature moderne[4], et un *Roman* qui s'allonge en feuilleton; enfin Renaud Camus fera paraître cinq *Elégies*, qui sont autant de *patch-works* où s'entrechoquent toutes les couleurs de sa palette.

En soi, pareille division, même draconienne, n'empêche nullement la création d'un nouveau réseau (qui serait aussi un réseau au *second degré*, puisque comprenant le réseau initial des *Eglogues*). Après tout, les genres auraient pu être à Renaud Camus ce que les séries sont à Benoît Peeters. Or tout se passe comme si ce nouvel ensemble ne fonctionnait plus comme réseau que *sur le mode négatif*, c'est-à-dire dans son refus de l'œuvre.

Il serait en effet injuste de ne pas rappeler à quelle hauteur la confi-guration actuelle des écrits de Renaud Camus s'oppose à la notion tra-ditionnelle d'œuvre. Premièrement, force est d'observer que les rela-tions entre les cinq genres distingués (églogues, journaux, élégies, es-sais, romans historiques) se caractérisent par l'étanchéité de leurs styles et de leurs publics: non seulement les divers lectorats ciblés ne sont pas censés lire les autres publications "du même auteur", mais celles-ci sont d'une hétérogénéité rarement égalée. Deuxièmement, et cet élément est décisif dans le refus de l'œuvre conventionnelle, les di-vers ouvrages sont agressivement réunis et par le même éditeur et par le même auteur, qui refuse de marquer d'une façon ou d'une autre, par exemple à travers un jeu de pseudonymes ou d'hétéronymes[5], les rup-tures "incompréhensibles" à l'intérieur de sa bibliographie. Que *Roman Roi* et *Tricks* soient signés tous les deux par le même nom est une provocation d'autant plus grande à la pensée et à la logique de l'œuvre que *Passage* et *Echange*, les volumes inauguraux des *Eglogues*, avaient été publiés, le premier sous le nom de Renaud Camus, le second sous celui de Denis Duparc[6].

D'autre part, il serait cependant tout aussi absurde de supposer que refus de l'œuvre signifie automatiquement acceptation ou construction du réseau. Non seulement les relations entre les divers sous-ensembles sont relativement peu travaillées, mais l'évolution du travail de Renaud Camus penche plutôt du côté de l'œuvre que du réseau.

A cet égard, il convient de signaler en premier lieu la manifestation de plus en plus intense de la voix autobiographique de l'auteur. A l'élaboration vraiment collective des *Eglogues*, qui multiplient les mains et suppriment toute distinction entre passages recopiés et texte original, Renaud Camus a fini par préférer un registre autrement individuel, voire par moments égotiste[7].

L'ampleur prise par le courant autobiographique trouve un écho et un appui supplémentaires dans le rejet toujours plus franc de l'article premier du modernisme: la solution de continuité entre l'univers des signes, d'une part, et le monde réel, d'autre part. L'écriture camusienne, tout attentive qu'elle se veuille aux lois et agencements internes du texte, recherche aussi l'impossible coïncidence des *pages* et des *paysages*:

"(...) car si désincarnés que soient le livre à faire et ses mots, ils ne sauraient se résoudre à n'avoir pas de répondant sur la terre. (...) Habiter poétiquement le monde, etc..., demande une assurance de la foulée, certaines sûretés pour le coup d'œil, des garanties pour le lexique, et ne saurait se concevoir, encore une fois, sans quelque usage du monde, sans quelque espérance maintenue d'y creuser tant bien que mal une pertinence de vivre (...)."[8]

De la même façon, il se recherche non moins la réconciliation plus difficile encore de la vie et de l'écriture, réunies dans le même projet d'épanouissement de soi et d'exaltation du monde:

"Je suis sans cesse déchiré entre ces deux exigences: vivre ou écrire? (...) Or le journal seul, écriture de la vie, ménage une possible combinaison de l'existence et du travail, du regard sur le monde et de la main sur le papier, du geste et de sa trace. Je me prends à rêver, depuis quelque temps, d'une vie où je n'écrirais plus qu'un journal, passerais mes jours à voyager, à visiter des villes, des musées, des expositions, à lire et à écouter de la musique, sans autre contrainte que d'en garder témoignage. (...) (U)n journal tout-englobant, un livre de l'année, année par année, qui fût un journal mais qui incorporât toutes les techniques d'écriture (...); qui abolît autant que faire se peut la distance de l'écriture et de la vie en les faisant agir l'une sur l'autre, pour une fois, symétriquement, dans les deux sens; qui fît de la page et de la journée une seule, unique et complexe *inscription*."[9]

Cette attitude n'est pas incompréhensible et prouve une fois de plus les connivences profondes entre l'écriture du réseau et l'écriture de soi: le repli sur une position malgré tout plus classique, après la phase

expérimentale des *Eglogues*, s'avère dû à la pression du souci autobiographique; le retour vers le moi de l'auteur se traduit simultanément
par le rejet de la perte prétendument constitutive du référent, du monde réel que les mots font exister noir sur blanc.

Renaud Camus, auteur plutôt qu'écrivain? Son écriture, œuvre plutôt que réseau? La conclusion est aussi vraie que fausse: la résistance
au mode de fonctionnement de l'œuvre d'une part, le gaspillage
concerté des bénéfices qu'assurerait l'adoption d'une commode stratégie d'auteur d'autre part, l'empêchent assurément. Une approche plus
adéquate parlerait peut-être de *réseau d'auteur*.

La contradiction entre les termes peut sembler insurmontable.
C'est le mérite de Renaud Camus que d'imposer quand même la
conjonction de ces notions antagonistes.

8.3. Georges Perec: auteur malgré lui?

D'un roman comme *La vie mode d'emploi*, on a déjà vu que la déception causée aux lecteurs les plus scrupuleux était tout aussi grande
que l'espoir qu'il avait non moins fait naître. Immensément riche,
complexe à souhait, d'une lisibilité jamais démentie, le livre de Perec
(1936-1982) semblait en effet capable de mettre un terme au tragique
abîme séparant les productions de la modernité et les intérêts du grand
public. Le succès de l'ouvrage, toutefois, n'a pas été empêché par son
goût prononcé pour les constructions formelles, un rien ignorées au
moment de la sortie du roman, puis révélées progressivement par la
publication des documents relatifs à sa genèse. Dans un premier
temps, la découverte de ces sources a été à l'origine d'une polémique
assez violente: les critiques modernistes jugeaient en effet que le succès du livre reposait sur un malentendu. L'état actuel des recherches
indique pourtant que, même en l'absence de clé (dont l'utilité n'est
certes pas négligeable), le livre est tellement riche qu'il se défend bien
tout seul.

Il est temps maintenant, après ce court rappel d'une discussion
dont Benoît Peeters était tout sauf absent, de nuancer un peu ce point
de vue et de regarder de plus près pourquoi un rapprochement avec la
problématique du réseau et de l'inscription de l'auteur en personne,
prolonge naturellement cet accrochage critique.

Que Georges Perec ait orienté son œuvre en direction du réseau,
l'indication la plus voyante s'en trouve sans aucun doute dans son désir de collaboration, d'une part, et ses efforts tenaces pour briser systématiquement sa propre image d'écrivain.

Les collaborations multiples? Elles ont tout d'abord conduit l'écriture très littéraire de Georges Perec à bien des genres qui en sont un

peu plus éloignés: pièces radiophoniques, scénarios de films, créations musicales, exercices de toutes sortes dans le cadre des réunions du groupe de l'Oulipo[10]. Elles ont aussi et surtout désagrégé l'œuvre publiée, même si aujourd'hui, les rééditions en volume aidant, il est moinsdifficile de se faire une idée exacte de l'ensemble des écrits perecquiens[11].

La contestation de sa propre image? Elle s'explique pour commencer par le recours occasionnel à la pseudonymie[12] et à la pratique de la commande [13], quand bien même aucun texte majeur de Georges Perec ne semble avoir été commis dans ces circonstances. Elle tient également et peut-être même surtout à la volonté, exprimée dans une lettre à Maurice Nadeau, directeur des *Nouvelles Littéraires*, de ne jamais refaire le même livre[14]: l'étonnement des lecteurs devant *La Vie mode d'emploi*, après les poèmes à contrainte très dure de *La Clôture*[15], ne doit pas avoir différé fondamentalement de la perplexité qu'a pu instiller un livre comme *La Disparition*[16] dans les lecteurs des *Choses*[17].

L'évolution de Perec vers le réseau serait toutefois plus nette encore si elle ne s'était heurtée à deux problèmes de taille: le clivage de la production perecquienne en deux pans qui s'ignorent superbement, l'émergence irrépressible de l'axe autobiographique.

D'une part, les textes de Perec se divisent, au moins dès l'adhésion à l'Oulipo (en 1966), à deux groupes antagonistes. Face aux écrits bien lisibles mais peu lecturables, comme *53 jours*[18], se dressent les écrits très lecturables mais à peine lisibles, comme *Alphabets*[19], deux exceptions notables étant toutefois fournies par les meilleurs livres de Perec: *La Disparition* et *W ou le souvenir d'enfance*[20]. Cette opposition n'est pas seulement théorique, mais engage de manière très profonde la position de l'écrivain à l'égard de son propre travail, celui-ci étant sans doute aussi ambivalent et complexe que celle-là[21].

Cette persistance de la position d'auteur semble corroborée par la charge autobiographique de l'œuvre, qui se propage peu à peu à l'ensemble des écrits perecquiens. L'inscription des traumatismes de l'enfance brisée se fait manifeste, dans les textes à caractère directement autobiographique comme dans les fictions: la déportation des parents à Auschwitz, l'amnésie de l'identité juive ou l'apprentissage de l'alphabet français, percent de partout la surface souvent neutre ou impassible du travail de Perec. Ce mouvement a atteint son paroxysme avec la mise au jour de la *motivation existentielle* des consignes formelles utilisées par l'auteur[22]. Le recours au chiffre 11, l'emploi du palindrome ou encore le vif penchant pour tout lipogramme, ne renverraient ainsi à rien d'autre qu'à la perte indicible subie par l'auteur et à sa projection au sein d'une culture qui ne fut pas toujours la sienne:

"A travers ce jeu sur les chiffres, le onze est donc associé ici très clairement à la mort, mais à une forme très particulière de la mort: une mort *sans corps*, sans trace, une disparition d'autant plus violente qu'elle est double, d'abord perte de la vie puis perte de toute trace de la perte première. Or ce schéma que dessine la fiction a son exact équivalent dans l'autobiographie: c'est la mort de la mère, disparue dans les camps.

(...) le palindrome est bien une autre structure formelle obéissant à la double écriture, française et hébraïque, ou plus précisément, pour suivre la démarche du lecteur de palindrome, française puis hébraïque, la lecture rétrograde intervenant en second et se trouvant en quelque sorte censurée par les habitudes culturelles; en quoi le palindrome reproduit très exactement, dans la hiérarchie qu'il établit entre les deux lectures, le rapport d'occultation auquel se trouve soumise la langue hébraïque dans l'univers perecquien"[23].

L'œuvre entière de Georges Perec se place alors dans une tout autre perspective. L'écriture par contrainte comme l'éclatement éditorial et générique, loin de saper la dominante autobiographique des autres écrits, serviraient à la fois d'*écran* et d'*outil heuristique* à un moi troué, défaillant, mutilé, les recherches formelles et l'exploration d'autant de genres que possible tentant aussi bien d'épancher la blessure infantile que de fixer une nouvelle identité. *Récits d'Ellis island* le dit on ne peut plus explicitement:

"Quelque part, je suis étranger par rapport à quelque chose de moi-même;

quelque part, je suis "différent", mais non pas différent des autres, différent des "miens": je ne parle pas la langue que mes parents parlèrent, je ne partage aucun des souvenirs qu'ils purent avoir, quelque chose qui était à eux, qui faisait qu'ils étaient eux, leur histoire, leur culture, leur espoir, ne m'a pas été transmis.

Je n'ai pas le sentiment d'avoir oublié,
mais celui de n'avoir jamais pu apprendre."[24]

Le tournant autobiographique du réseau est chez Perec sans doute moins frappant, mais il est plus directement tragique que chez Camus. Il est aussi, en raison des nombreux cryptages, nettement moins moderne, l'œuvre étant non seulement au service d'un projet existentiel (cela est sans doute aussi le cas chez Camus), mais l'auteur emportant dans la tombe les clés ultimes de son savoir-faire.

8.4. *François Rivière ou l'alter ego*

C'est en termes de reconnaissance et de dette que Benoît Peeters exprime son rapport au scénariste attitré de Floc'h:

"C'était en 1978. De la bande dessinée, je ne connaissais encore que ce que m'en avait laissé mon enfance. (...) Lors d'un dîner, chez des amis, une très jeune fille s'inquiéta de mon ignorance en ce domaine qu'elle chérissait. S'étant mise en tête de combler mes lacunes les plus criantes, elle tirait de sa bibliothèque de minces volumes colorés, déclinant avec ferveur des noms qui n'éveillaient en moi que de vagues résonances: Tardi, Pratt, Bilal, Mœbius ou Régis Franc. Un album, soudain, l'arrêta plus longuement. (...) Rentré chez moi, c'est (...) par ce *Rendez-vous de Sevenoaks* que j'attaquai la lourde pile. (...) Dès les premières pages, ce fut le choc. Le ton borgésien de l'intrigue, l'élégance du trait de Floc'h, le suspense hitchcockien de la construction, l'ouverture vertigineuse du final et jusqu'à de sourdes coïncidences avec le roman que je venais d'achever, tout, de bout en bout, me ravissait. (...) C'est à cette lecture du *Rendez-vous de Sevenoaks* que remonte mon envie d'écrire pour la bande dessinée."[25]

S'il avait à refaire aujourd'hui le même hommage, il se hâterait probablement d'y adjoindre aussi le nom du dessinateur Goffin, dont il a utilisé lui-même le talent révélé par un autre scénario de Rivière (°1950)[26]. Plus généralement, il ne manquerait pas non plus de saluer en Rivière une véritable âme sœur, pionnier comme lui de l'écriture en réseau.

En tant qu'écrivain, François Rivière reste pourtant un nom méconnu. Non pas au sens où sa signature serait ignorée: il y a même fort à parier qu'elle est plus familière du grand public que celles de Perec ou de Camus. Mais elle n'est pas, c'est le moins qu'on puisse, dire tenue en grande estime: François Rivière passe pour le modèle même de l'écrivain-mercenaire, louant sa plume un peu partout sur la place de l'édition mais pas trop regardant sur la nature des projets où il s'engage.

Rien ne semble plus injuste que cette réputation. Elle ignore en effet l'existence de ces trois chefs-d'œuvre, au moins, que sont *Le Rendez-vous de Sevenoaks* (avec Floc'h), *Le Réseau Madou* (avec Goffin) et les *Révélations Posthumes* (avec Andréas)[27], remarquables par les vertus de leurs scénarios que par les indéniables qualités du dessin. Leurs auteurs respectifs n'ont du reste peut-être jamais retrouvé le même brio, la même justesse: il y a entre le Floc'h de *Sevenoaks* et celui des autres albums avec Rivière un écart aussi grand qu'entre le Hergé des *Sept boules de cristal* et celui, en pleine décadence graphique, des *Bijoux de la Castafiore*; le Goffin de *Madou* propose, grâce à la schématisation poussée des figures comme à l'heureuse réduction de sa palette chromatique au presque-camaïeu, une puissance et une pureté que le style plus bariolé des livres avec François Schuiten et Benoît Peeters fera un peu regretter; quant à la fascination qu'exerce le trait si lecturable d'Andréas dans les *Révélations* (et surtout dans le premier récit de l'album, autour de Lovecraft), on n'est pas sûr d'en percevoir la continuité dans les baroquismes virtuoses auxquels nous a habitués le concepteur un rien hermétique de *Cyrrus*[28]. Dans chacun des cas, supposer que la réussite visuelle des albums est due *aussi* à la narration de Rivière et à la symbiose entre récit et dessin qu'elle permet, est donc tout sauf une absurdité.

Plus pourtant que par les oublis locaux de ces volumes, le procès fait à Rivière est injuste parce qu'elle offusque son engagement très ferme en faveur de l'écriture en réseau, qui lui fait d'abord juxtaposer, dans l'acception forte du terme, travail en collaboration et projets individuels, et qui le pousse ensuite à refuser, jusqu'au risque de l'éparpillement, la domination d'un genre par l'autre. Ce travail en réseau est de plus d'une réelle modernité, puisqu'il parvient à combiner de manière harmonieuse les exigences d'un récit bien ficelé et la préoccupation d'accorder l'initative aux mots: dans les récits de Rivière, qui réclame comme Benoît Peeters l'héritage d'Agatha Christie, d'Hitchock et d'Hergé, la "vie" n'est souvent que la conséquence d'une "fiction" préexistante.

D'où vient alors, malgré tant de signes de si bon augure, le peu de considération qui incombe à l'écrivain? Car on reproche à François Rivière ce qu'on pardonne à Benoît Peeters: l'existence, par moments, de scénarios plus hâtifs. Et alors que chez Benoît Peeters les divers secteurs s'épaulent mutuellement, on tire argument de certains maillons faibles de la bibliographie de Rivière pour critiquer les nœuds qui devraient rester au-dessus de tout soupçon: on a vu ainsi les insuffisances prêtées à l'un de ses collaborateurs rejaillir sur son travail de scénariste[29].

A bien analyser ce qui est vraiment un *cas*, on peut avancer l'hypothèse que l'écriture de Rivière témoigne superlativement de la manière dont un réseau peut se tourner *contre lui-même*, et partant contre son inspirateur.

En l'occurrence, il semble bien que l'origine des mésaventures ne s'entoure point d'un mystère excessif. A la différence du réseau Peeters, l'écriture de François Rivière apparaît comme beaucoup moins équilibrée: les réalisations fortes se concentrent en effet sur un seul genre (la bande dessinée) et ont tendance à rester confinées à une période déterminée (fin des années 70, début des années 80). A cela s'ajoute que rien n'est vraiment fait, ni par l'auteur, ni par ses éditeurs, ni par la critique, pour décloisonner une production qui n'est pas forcément plus hétérogène que celle de Benoît Peeters. Mais comme Rivière lui-même n'insiste pas trop sur les passerelles existant entre les divers pans de son œuvre (sans doute parce que l'idéologie de la "main gauche" ne lui est pas tout à fait étrangère), comme aussi les éditeurs s'ingénient de leur côté à cacher les publications gérées par leurs concurrents, comme enfin les critiques s'en tiennent à leur propre spécialité, le réseau Rivière "prend" beaucoup moins bien que le réseau Peeters.

Que, dans ces conditions, la solidarité de la chaîne se casse et que la force de l'ensemble se réduit à celle de son maillon le plus faible, est une vérité dont François Rivière n'est pas le premier à faire l'amère expérience.

8.5. Jean Lahougue ou la double obstination

Avec Jean Lahougue (°1945), le "réseau des écrivains du réseau" s'ouvre à des zones de la bibliothèque dont le lien avec la production de Benoît Peeters devient plus différent.

Jusqu'ici, on a comparé des œuvres et des auteurs concernés dès le premier coup d'œil, ne fût-ce qu'en raison de leur exubérance, par la double problématique de l'écriture en réseau et de l'inscription de la personne de l'écrivain. Dans l'idéal de Jean Lahougue, œuvre comme auteur tendent au contraire à se raréfier, jusqu'à presque la dissimulation, à littéralement *se refuser*, jusqu'au silence.

Jean Lahougue s'efface scrupuleusement devant les productions de sa plume, pures machinations formelles proposées à l'intelligence du lecteur[30]. En délicatesse, de surcroît, avec l'institution littéraire après le refus du prix Médicis[31], il disparaît du devant de la scène, passant de Gallimard (où avaient paru ses cinq premiers livres) aux Impressions nouvelles (auxquelles il donnera encore deux volumes), avant de se retirer de toute activité littéraire connue.

Si contraste plus voyant avec la boulimie du réseau Peeters est difficilement concevable, il n'en reste pas moins que les relations entre ces deux écrivains sont beaucoup plus denses et intéressantes qu'on ne croirait à première vue. Non seulement Jean Lahougue est-il accueilli, après la période Gallimard, dans la maison d'édition codirigée par Benoît Peeters, non seulement sait-on que l'un et l'autre ont perfectionné l'intrigue des *Dix petits nègres*, Benoît Peeters dans *La Bibliothèque de Villers*, Jean Lahougue dans *La Comptine des Height*, mais la manière dont Jean Lahougue a infléchi son parcours (on n'ose pas dire sa *carrière*), touche on ne peut plus directement aux questions du réseau et des rapports entre l'écrivain et ses portraits textuels.

Le cas de Lahougue permet en effet de mieux apprécier l'étroite interdépendance de ces deux questions. Car là où, vus de loin, les sept livres publiés façonnent la plus classique des *œuvres*, la très particulière contestation du statut de l'auteur en fait aussi un ensemble qui recoupe sur bien des points l'écriture du *réseau*.

Dans chacun des livres de Jean Lahougue on retrouve, intimement soudés, trois ingrédients: une contrainte formelle de base, d'abord, de plus en plus complexe mais jamais refusée à l'attention du lecteur; un récit apte à piéger l'amateur le plus rusé, ensuite, et qui explore les virtualités de la règle de départ dans le plein respect de l'ordre du vraisemblable; la transformation, enfin, d'un style qui donne à chacune de ces histoires sa couleur spécifique.

Les deux premières caractéristiques, qui classent Lahougue parmi les tenants du *lisible moderne*, ne sont pas suffisantes pour justifier le passage de l'œuvre au réseau. Il en va autrement pour le troisième trait de cette écriture, qui est la renonciation à toute originalité sur le plan du style. A l'opposé de presque tous ceux qui écrivent aujourd'hui, anciens ou modernes, Jean Lahouge ne croit pas en effet que le travail du style consiste en la recherche d'une expression individuelle. Soucieux dès l'origine du problème de la phrase et du phrasé, Jean Lahougue refuse depuis *La Doublure de Magrite* la coïncidence d'un auteur et d'un style. Fondé sur un jeu d'identifications en chaîne, ce roman a fait comprendre à son auteur qu'il devait à son tour entrer dans le miroir et calquer son style sur celui de Simenon... pour produire le premier "faux Maigret". La tâche de l'écrivain est moins dès lors de refouler ce que d'autres ont pu faire, que de renouveler des formes déjà constituées. L'effet qui en résulte n'est pas celui du pastiche, avec ce qu'il implique fatalement de dérision et surtout de soumission au modèle, mais bien celui d'une radicale remise en œuvre de la littérature par la littérature.

Tel *sacrifice* du style personnel, surtout dans le cas d'un écrivain hyperlittéraire comme Jean Lahougue, n'est évidemment pas sans rappeler, quand bien même il les inverse d'une certaine manière, les choix de Benoît Peeters.

Contrairement à ce dernier, Lahougue poursuit de texte en texte une différenciation stylistique maximale, adoptant un profil bas ou laissant fuser des feux d'artifice rhétoriques, selon que le requièrent ses modèles, tantôt fades comme le Simenon revu et corrigé dans *La Doublure de Magrite*, tantôt exaltés comme le Jean-Henri Fabre splendidement contrefait dans une des nouvelles de *La Ressemblance*[32]. Le résultat, néanmoins, est analogue: pour Jean Lahougue comme pour Benoît Peeters, pour l'écrivain caméléon comme pour celui restant fidèle à une phrase plus sobre, il s'agit tout d'abord de se libérer de la nécessité, éditoriale et institutionnelle, de se faire *une* voix, une seulement mais reconnaissable entre mille autres.

En désindividualisant leur style, Benoît Peeters et Jean Lahougue questionnent vigoureusement la position d'auteur qu'ils auraient pu adopter, facilitant la conversion de leur œuvre en un réseau désormais mieux ouvert au lecteur et au rôle qu'il joue dans la perception critique des structures et mécanismes du texte.

Cette convergence très forte ne doit pas cacher néanmoins des disparités tout aussi notables. Car si l'auteur se voit exclu de sa création, la production de Jean Lahougue demeure bien trop centrée sur un seul type d'écrits, celui de la littérature "au second degré", réfléchissant sur elle-même et se réfléchissant elle-même, pour que la notion de réseau puisse s'y appliquer de manière vraiment adéquate.

Etant donnée, finalement, la similitude entre un roman comme *Villers* et les enquêtes multiples retracées dans *La Comptine des Height*[33], on peut estimer que l'évolution de Jean Lahougue accuse les traits qui seraient devenus ceux du réseau Peeters si cet écrivain s'était, à l'instar de son collègue, obstiné dans une voie unique, aussi éloignée soit-elle de tout œuvre au sens classique du terme: l'écriture de Lahougue est virtuose, mais ne s'adresse qu'à une audience se restreignant comme peau de chagrin, comme si l'obstination à *creuser son sillon* se doublait d'une seconde obstination, elle pernicieuse, à *paraître*, c'est-à-dire à publier comme à intervenir dans la vie des lettres; comme si, dit autrement, le refus du réseau amenait l'écrivain à intérioriser sa terrible solitude devant son lecteur.

8.6. Jean-Benoît Puech: la nécessaire trahison du silence

La trajectoire de Jean-Benoît Puech (°1946) est à la fois identique et opposée à celle de Jean Lahougue. A l'instar du romancier de *La Comptine des Height*, il place son écriture sous le signe d'une discrétion toujours plus poussée, quittant un grand éditeur, après un début assez remarqué[34], pour des maisons plus confidentielles, raréfiant aussi ses interventions au point de faire croire à un tarissement de sa veine. Mais à l'inverse de celui qui se dissimule soigneusement derrière sa création, Jean-Benoit Puech n'hésite plus, tout en refusant la parole autobiographique conventionnelle, à rompre le silence et manifester sa présence à l'intérieur de ses propres livres: dans les quatre volumes parus à ce jour, il s'observe un glissement d'un visible effet de fiction (le premier livre de Jean-Benoît Puech se présente de manière très bor-

borgésienne comme un recueil de notes consacrées à des livres imaginaires) à une transposition non moins voyante du vécu de l'écrivain (son dernier livre rassemble les extraits de son journal qui ont trait à ses relations avec un monstre sacré des lettres françaises).

Un examen plus minutieux atténue cependant telle mutation, plus superficielle que le lent déploiement d'une écriture en réseau et que la progressive mise au point d'une réflexion sur le sens d'une identité d'écrivain. Le rapprochement des deux auteurs se fait donc tout d'abord sur le plan *éthique*. Comme dans le *Paul Valéry* de Benoît Peeters, on trouve chez Puech une réflexion très poussée sur la situation de l'écrivain (la tentation du silence, le retour à la littérature, l'œuvre comme mirage, la comédie du "maître" et de l'écrivain en général).

La proximité des textes de Jean-Benoît Puech avec le réseau Peeters ne tient donc pas seulement à l'ingéniosité de ses constructions narratives, dont Benoît Peeters s'était d'ailleurs plu à faire l'éloge[35], elle est motivée en tout premier lieu par de profondes affinités sur le plan des enjeux et du sens d'une carrière d'écrivain.

Au cœur du travail de Puech réside la formidable méfiance, non pas de la parole en général, mais de la parole *littéraire*, travestissement inéluctable de l'expérience vécue dont pourraient la rapprocher seulement diverses formes de l'*anti-écriture*: le *silence* (surtout celui qui ne s'annonce ni ne se dit comme tel) ou le *ratage volontaire* du texte (que Jean-Benoît Puech nomme le suicide de l'écrivain)[36]. Ni l'écriture, ni surtout la publication n'ont donc rien d'évident: Puech n'écrit et ne publie qu'à son corps défendant, brouillant partout et toujours les pistes: en mettant au même niveau les lieux et supports de publication que les canons de la librairie tiennent écartés, en remaniant ses écrits au point de perturber fondamentalement l'antithèse de l'esquisse et de la version définitive, en jouant de la pseudonymie jusqu'à détruire le caractère soi-disant secondaire du nom de plume, en semant le doute quant au régime (fiction ou document? invention ou témoignage?) dont il convient de lire ses ouvrages, en construisant, bref, un réseau simultanément clos sur lui-même (en cela il ressemblerait à Jean Lahougue) et irrémédiablement disséminé (en cela, il dépasserait même le Renaud Camus des *Eglogues*).

Si malgré tout la production de Jean-Benoît Puech, toute hantée et tentée qu'elle demeure par le silence, ne bascule pas définitivement du côté de l'inédit, de l'autocensure, de l'écriture pour soi, ou plutôt *hors circuit*, la cause en est sans aucun doute le changement d'attitude quant à l'être de l'écrivain, qui permet au réseau de s'enrichir de nouvelles questions.

Fidèle à l'esprit des années 60 et 70, Puech s'est longtemps interrogé sur la contradiction insoluble que représentait à ses yeux le cas de son maître Louis-René Des Forêts, écrivain du silence finissant "logiquement" par se taire, mais sans jamais établir de rapport entre ce silence biographique et quelque motivation littéraire que ce soit, puis revenant peu à peu à l'écriture, sans de même avoir l'impression de se trahir.

L'exemple de Des Forêts aidant, Jean-Benoît Puech a pu développer une réflexion sur la personne de l'auteur qui a ouvert des perspectives très passionnantes. Loin de réclamer, en effet, la coïncidence, sans doute indésirable, de l'écrivain et de la personne de l'auteur *quand il n'est pas écrivain*; loin aussi, cependant, de la proscription symétrique de tout rapport serré entre eux, Puech en est venu à mettre au point une troisième voie qui culmine, entre autres, dans la notion - empruntée à Nodier- d'*auteur supposé*:

"A présent nous voudrions ajouter quelques mots au sujet de la "supposition d'auteur".

Le *Catalogue* de Mornay est divisé en trois parties. Dans la première, il décrit des livres où l'écrivain fictif n'est qu'un des personnages. Dans la seconde, des livres où il est promu à la place équivoque du narrateur, et ne se distingue de l'auteur pseudonyme que dans la mesure où ses écrits évoquent ou induisent une biographie autonome. Enfin, dans la troisième il explique comment la réunion de ces deux genres de textes (l'un, répétons-le, où l'écrivain fictif est l'objet dont parle un tiers, dans un témoignage ou une biographie, et l'autre où il devient le sujet créateur d'une œuvre) produit ce qu'il appelle un *auteur supposé*."[37]

Ces solutions, et bien des variantes qu'il est possible d'entrevoir, restent en marge de l'autofiction comme de l'autobiographie: par le recours à l'auteur supposé, l'auteur en personne peut donner libre cours à ses penchants biographiques, tout en évitant le conflit entre celui qu'il est quand il n'écrit pas et celui qu'il est en tant qu'écrivain aux yeux du lecteur. La supposition d'auteur ne se confond pas non plus avec les mises en scène intermittentes du rôle de l'écrivain comme dans le réseau Peeters, puisque Jean-Benoît Puech aborde l'image de l'écrivain dans une perspective beaucoup plus existentielle (même si le but de sa recherche n'est pas la connaissance ou la manifestation du *moi, je* autobiographique comme chez Camus ou Perec).

La relation entre la vie et l'œuvre est donc toute d'écarts et de confusions mêlés, en même temps qu'elle est dépassée et transfigurée radicalement par le texte où l'écrivain consent à se séparer de lui-même et à se réécrire pour le lecteur.

S'il fallait imaginer ce que deviendrait le réseau Peeters si elle se proposait de se lancer sur les pistes de l'auteur supposé ou d'un de ses avatars, comment ne pas rêver à quelque formule où l'écrivain accepterait de lever la censure qu'il observe sur sa propre vie, non pas pour livrer au public une autobiographie *autorisée*, relevant d'un point de vue d'*auteur*, mais afin de tendre au lecteur nouvelle matière à *suppositions* sur l'*écrivain* au travail?

8.7. Retour à la théorie

La comparaison esquissée serait incomplète si elle ne mettait en valeur un trait généralement absent chez les cinq auteurs examinés, mais constamment présent chez Benoît Peeters: le goût ou, plus exactement, l'écriture de la théorie[38].

Longtemps pratiquée par les écrivains eux-mêmes, aujourd'hui, hélas, totalement coupée de la littérature se faisant, la théorie a toujours été au cœur du travail de Benoît Peeters. La continuité de cet effort, qui naît en même temps que le désir d'écrire et dont l'intensité n'a fléchi à aucun moment de sa carrière, peut étonner de la part d'un écrivain professionnel que ne pousse aucune obligation académique et qui ne retire de l'exercice aucun bénéfice financier. La permanence de la théorie ne peut dès lors que s'expliquer par un motif autrement puissant: la prise de conscience que ce labeur est *indispensable* à l'écriture elle-même.

L'exceptionnelle réussite de la production de Benoît Peeters pourrait ainsi trouver son assise dans l'articulation jamais démentie de la théorie et de la pratique. Qu'il parle de la couleur chez Hitchcock ou des allusions cachées dans une nouvelle de Perec, de la construction d'un film de Chantal Akerman ou du cadrage en roman-photo, le théoricien Benoît Peeters est toujours en train de dialoguer avec le praticien, et c'est de l'échange de ces deux voix que naît et s'élabore une production aujourd'hui si unique.

NOTES
(1) Le premier à le faire était sans doute Jean-Christophe Cambier dans son article cité "Lectures pour tous".
(2) Ont paru à ce jour: *Passage* (Paris, Flammarion, 1975), *Echange* (id., 1977), *Travers* (Paris, P.O.L/Hachette, 1978) et *Eté (Travers II)* (id., 1982).
(3) Pour plus de détails sur les *Eglogues*, on peut se reporter à mon essai *Les Mesures de l'excès* (Paris, Les impressions nouvelles, 1992).

(4) Il convient dès lors de saluer l'engagement de l'éditeur, Paul Otchakovsky-Laurens, en faveur de cet auteur réputé invendable.

(5) Rappelons que l'on parle de pseudonymie lorsque l'auteur ne publie pas sous son propre nom et d'hétéronymie dans les cas, il est vrai plus rares, où le vrai nom et le(s) nom(s) de plume tendent à coiffer des "œuvres" diverses.

(6) Les bibliographies professionnelles et scientifiques continuent d'ailleurs à les considérer comme deux "auteurs" différents. Quant au grand public, il considère le Camus du cycle de Roman II et l'essayiste gay comme des... homonymes!

(7) La collaboration, sans être absente de l'écriture de Camus, n'en occupe plus que les marges. Les textes de circonstance écrits pour le peintre Jean-Paul Marcheschi en sont un exemple.

(8) *Le lac de Caresse*, Paris, P.O.L, 1991, p. 60.

(9) *Journal romain*, Paris, P.O.L, 1987, p. 135-136.

(10) L'aperçu le plus facilement consultable est donné par le petit livre de Claude Burgelin, *Georges Perec* (Paris, Seuil, 1988).

(11) En l'absence de tout projet d'édition d'œuvres complètes, il convient de saluer la réédition de certains textes difficilement trouvables dans la collection Librairie du XXe siècle (d'abord chez Hachette, puis au Seuil) et, bien sûr, l'indispensable travail de Bernard Magné, *Tentative d'inventaire pas trop approximatif des écrits de Georges Perec*, Toulouse, P.U.M., 1993.

(12) Ainsi par exemple le pastiche d'article scientifique publié en anglais dans la revue *Banana Split*, n° 2, 1974 et repris dans le volume *Cantatrix sopranica L. et autres écrits scientifiques*, Paris, Seuil, 1991.

(13) Ainsi par exemple, évidemment, les célèbres mots croisés.

(14) La lettre fut publiée dans *Je suis né*, Paris, Seuil, 1990, p. 51-66.

(15) Paris, P.O.L, 1980.

(16) Paris, Denoël, 1969.

(17) Paris, Julliard, 1965.

(18) Paris, P.O.L, 1989.

(19) Paris, Galilée, 1976.

(20) *La Disparition*: Paris, Denoël, 1969; *W*: Paris, Denoël, 1975.

(21) A la différence d'un Eco, par exemple, qui a fini par agréger au *Nom de la Rose* son *Apostille*. Rappelons que la publication scientifique du *Cahier des charges* par Hans Hartje, Bernard Magné et Jacques Neefs (éd. du CNRS/Zulma, 1993), est posthume et n'émane nullement d'une volonté de l'auteur.

(22) Grâce à la sagacité du premier des perecquiens, Bernard Magné.

(23) Bernard Magné, "Pour une lecture réticulée", in *Cahiers Georges Perec*, n° 4, éd. du Limon, 1990, p. 158 et 171.

(24) *Récits d'Ellis Island* (film de Robert Bober, texte de Georges Perec), Paris, éd. du Sorbier, 1980, p. 30.

(25) "Un rendez-vous décisif", in *Cahiers de la bande dessinée*, n° 68, numéro spécial Floc'h/Rivière, 1986, p. 23.

(26) *Le Réseau Madou* (Paris/Tournai, Casterman, 1982).

(27) *Le Rendez-vous de Sevenoaks* (Paris, Dargaud, 1977); *Révélations posthumes* (Paris, Bédérama, 1980).

(28) *Cyrrus* (Paris, Les Humanoïdes associés, 1984). Pour une lecture remarquable de cet album, voir l'article de Jean-Claude Raillon, "L'homme qui lit", in "Contrebandes", numéro spécial de la revue *Conséquences* (n° 13-14, 1990).

(29) Voir par exemple, dans le numéro cité des *Cahiers de la bande dessinée,* la contribution de Patrick Delperdange, "Rivière & Cie, enquêtes en tous genres". La critique est plus violente encore si l'on tient compte du code et de la rhétorique en principe servilement élogieux qui sévissent dans ce genre de numéros d'hommage. A la charge de Rivière (à moins qu'on n'inverse bien sûr cet argument), il convient de signaler toutefois la réelle déchéance dans le choix des collaborateurs récents, dont aucun n'est à la hauteur d'un Floc'h ou d'un Andréas.

(30) Dans un dossier de presse diffusé à l'occasion de son roman *La Doublure de Magrite* (Paris, Les impressions nouvelles, 1987), Jean Lahougue déclare notamment avoir détruit comme scories impures les tentatives auobiographiques de ses débuts.

(31) Qu'il devait partager, en 1980, pour *La Comptine des Height* (Gallimard), avec Jean-Luc Benoziglio. Le refus concernait toutefois moins cette question de partage qu'il ne visait le système des prix lui-même, accusé d'être une infâme loterie.

(32) Paris, Les impressions nouvelles, 1989.

(33) Pour une analyse très pénétrante, voir l'étude d'Annie Combes, *Agatha Christie, l'écriture du crime* (Paris, Les Impressions Nouvelles, 1989), et surtout le chapitre "Epars dans le futur". Comme le démontre clairement cet auteur, les relations entre Peeters et Lahougue sont en tout premier lieu celles entre *Villers,* d'une part, et *Non-lieu dans un paysage* (Gallimard, 1977), le roman le Lahougue le moins connu du public, d'autre part.

(34) *La Bibliothèque d'un amateur* (Paris, Gallimard, 1979). Signalons toutefois que le dernier livre de Jean-Benoît Puech, son édition critique de *L'Apprentissage du roman* de Benjamin Jordane (Seyssel, Champ vallon, 1993), a également bénéficié d'une certaine attention critique.

(35) Voir sa notice de lecture publiée dans le n° 4 de la *Chronique des écrits en cours,* 1982.

(36) *Du vivant de l'auteur* (Seyssel, Champ vallon, 1990), p. 59.

(37) *Du vivant de l'auteur, o.c.,* p. 54. Des exemples connus en seraient le *Barnabooth* de Larbaud et les hétéronymes de Pessoa.

(38) Alors que Jean-Benoît Puech, auteur d'une thèse (inédite) et collaborateur intermittent de diverses revues universitaires, ne s'éloigne guère, dans ses fictions, de ses préoccupations théoriques, Renaud Camus, Jean Lahougue et Georges Perec n'ont presque pas écrit de théorie. Quant à François Rivière, ses intérêts critiques se sont vite déplacés de la théorie proprement dite au journalisme littéraire le plus convenu.

CONCLUSION : UNE ECRITURE DE DEMAIN

Partie d'une interrogation sur la spécificité d'un travail, cette étude a identifié et commenté, mais aussi évalué et comparé un certain nombre de caractéristiques qui se combinent chez Benoît Peeters de manière tout à fait originale et, croit-on, nécessaire: la métamorphose de l'œuvre en réseau, l'inscription de la personne biographique de l'auteur au sein de son écriture, la tension entre l'opacité de la matière et l'amour du récit sous toutes ses formes, l'interaction de la théorie et de la pratique.

Que telle conjonction de traits particuliers permette d'entrevoir un nouveau *type d'écrivain* paraît incontestable, mais suggère déjà à quel point la spécificité reconnue dépasse le seul cas de l'auteur Benoît Peeters. La particularité de ce travail, en effet, joue moins par rapport à une personne, qui ainsi se détacherait du peloton, qu'elle n'engage le champ tout entier dans lequel son écriture est prise.

Champ résolument *au pluriel*, mélangeant genres, auteurs et médias, mais qui n'oblitère jamais l'attention pour la matérialité des pratiques explorées. Au-delà de toutes les différences qui se conjuguent en lui, un projet de Benoît Peeters est toujours aussi une réflexion sur lui-même, sur ses enjeux, sur les catégories de récit qu'il autorise ou interdit, sur les protocoles de sa lecture.

Champ institutionnel, non moins, avec la très claire prise de conscience qu'un texte reste incomplet s'il ne pose pas la question de sa publication (ou de sa non-publication) et des modalités concrètes de sa réception et de sa diffusion (ou de son oubli). A travers l'évocation de ces problèmes, le travail de Benoît Peeters laisse entrevoir *un des profils possibles de l'écrivain à venir*, moins attaché peut-être à la librairie traditionnelle, plus axé sans doute sur des structures de production et de lecture tenues jusqu'ici pour marginales ou secondaires.

Ecrivain avec et pour d'autres, jetant des ponts sans renoncer aux exigences de spécificité de chaque travail, Benoît Peeters ne se contente pas d'être le plus conséquent des écrivains modernes: il transforme finalement son nom en synonyme de la notion même de *réseau*.

BENOIT PEETERS

PUISSANCES
..."*ça pastiche*"...

de toute façon me direz-vous tôt ou tard un jour ou l'autre il fallait que cela se fît oui mais tout de même si brusque si brutal je vous le dis ce qu'on souhaite le plus ardemment on en recule aussi perpétuellement l'échéance comme on fait pour une dette dont on voudrait déjà s'être débarrassé être quitte n'avoir rien surtout à se reprocher je me donne un an m'étais-je dit si dans un an ce n'est pas fait j'aviserai un autre moyen sauf bien sûr si c'est sur la voie si la procédure est déjà engagée ce serait stupide de toute façon je déciderai sur le moment il ne faut pas s'en faire alors quoi j'avais tout le temps pourquoi si vite et là où je m'y attendais si peu aussi ce n'est pas de ma faute si ce ne fut pas tout à fait ce que ç'aurait dû être c'est parfaitement normal il ne faut rien regretter et surtout voir qui est responsable si encore je l'avais cherché mais non je pensais à quelque chose d'infiniment plus difficile ce n'est vraiment qu'au dernier moment que j'ai tort de me torturer l'esprit pour ça après tout c'est un détail c'était certain en tout cas ça n'aurait pas dû se produire c'était vraiment arrivé comme ça il n'y avait rien à regretter curieux tout de même que ça se soit passé là le moins qu'on puisse dire c'est que je n'ai pas pris l'initiative ah ça non pourtant ça y est le jeu a commencé le mécanisme est enclenché le déroulement normal vous savez on met la pièce et le je entre en scène pour vider son cœur à un rythme uniforme devant vous et le je peut-être racontera pour les enfants sages le je à la fin se retirera après avoir vidé son sac tout le monde aura fait semblant de croire de toute façon me direz-vous tôt ou tard un jour ou l'autre il fallait que cela se fît on ne pouvait en rester éternellement à ces masturbations de langage à ces jeux de mots croisés il y avait une limite ils ont voulu la dépasser violer les lois pour en introduire de nouvelles tant pis pour eux il ne faut rien regretter et surtout voir qui est responsable eux bien sûr je ne vous le fais pas dire la réaction a suivi tout naturellement d'ailleurs je l'avais toujours pensé nouveau nouveau ils n'avaient que ça à la bouche nouveau vous savez qui ne l'est pas et eux-mêmes l'étaient-ils tant que ça avec leur littérature de palace non vraiment il faut faire une croix dessus disait-il sa pine juteuse encore dans le slip il le sentait et le train il avait bien failli le rater c'est pourquoi il se trouvait dans le wagon de queue bondé bien sûr un peu gêné il avait l'impression que ça se lisait sur son visage aussi pourquoi si vite il avait le temps il aurait pu éviter ça l'heure de pointe de toute façon tout était joué dès l'entrée le mécanisme enclenché une fois la pièce mise tout ça se déroulant alors à un rythme uniforme entrer enlève tes chaussures avait-elle dit pour ne pas laisser de traces vider son sac et à la fin se retirer et remettre d'une main souple sa pine juteuse encore dans le slip il la sentait tout contre lui et aurait voulu tout recommencer mieux peut-être qui sait non bien sûr son histoire était déjà trop avancée pour ça il n'y avait rien à regretter je sautai alors quelques pages car j'avais l'impression qu'il commençait à se répéter peut-être tout simplement l'effet d'une mauvaise pagination sait-on jamais avec ces livres soi-disant modernes ces bouquins de châtrés enfin puisqu'il fallait ça il ne s'agissait que d'un engouement passager j'avais voulu me rendre compte en avoir le cœur net c'était une expérience à faire mais vraiment je ne pouvais comprendre pas du genre vieux jeu pourtant ouvert à tout un esprit libéral et sans préjugés mais tout de même si c'était pour en arriver à de petites histoires de sadiques qu'il y a longtemps qu'on aurait dû coffrer tant ils représentaient un réel danger aussi il ne fallait pas s'en faire bien sûr si brusque si brutal c'était un peu ennuyeux et ç'aurait pu se passer mieux mais quoi ce n'est pas de ma faute si ce ne fut pas tout à fait ce que ç'aurait dû être c'est même parfaitement normal tout s'est passé si vite non rien à regretter et surtout voir qui est responsable eux bien sûr ç'avait été de la provocation puisqu'ils savaient que la manifestation avait été interdite alors quoi ils s'étaient fait cogner un peu durement on n'allait pas en faire un drame tout de même c'était fini maintenant jamais plus il n'y repenserait et sur ces mots il s'endormit lourdement quelques instants plus tard il se mettait à ronfler son journal lui tombait des mains c'était je crois l'Aurore j'en profitais pour marquer une pause

il lisait je crois chapitre deux on ne peut nier pensa-t-il qu'il fasse preuve de qualités certaines dans la narration il est intelligent cela se

voit habile et tout à fait industrieux comme l'autre allons comment
s'appelait-il dont Aragon avait dit tant de bien dommage que ça se soit
si vite gâché par un abus de procédés cette façon de se croire génial
parce qu'on supprime points virgules et majuscules on s'y habitue très
bien d'ailleurs ce n'est pas le problème mais je suis encore obligé de
sauter quelques pages car à chaque instant je me crois encore à la première ligne si peu de choses se modifient si peu de choses vraiment
alors comment comprendre et tout cela si vite comme une chute qu'on
ne sent pas venir on marche tranquille on avance sans réfléchir et soudain on décroche on dévale toute la pente en bas on est brisé et après
si longtemps pour remonter si longtemps pour retrouver le fil de la
narration ou mieux la reprendre à son point de départ les mots oh toujours les mots parler se raconter tout a commencé par là comme ça
mais quoi reprendre comment et quel début y eut-il jamais oh qui sait
après tout il faut essayer on ne risque rien mais non dommage je ne
suis pas doué pour ce genre de vie et depuis pour ainsi dire mes premières années ou du moins aussi loin que je puis me souvenir je suis
resté ainsi sur le pas de la porte ce seul pas à faire de toute façon un
jour ou l'autre il y a le moment où il faut se décider ou laisser tomber
à jamais mais d'autres souvent décident pour vous heureusement ou
plutôt je n'en sais rien restant sur le pas de cette porte jusqu'à ce
qu'on me dise allons déchausse-toi et alors immédiatement je suis allé
pisser tant pis pour la mauvaise impression que ça pouvait produire
sur les spectateurs ça vaut mieux j'étais étonné aussi qu'on ne se lave
pas dans les films ils le faisaient pourtant je n'allais pas jusqu'à le pro-
poser moi-même ayant l'impression de n'avoir que trop fait de gaffes
je ne regrettais pas d'avoir fait le premier pas ah ça non comme la première fois les premiers mots que nous avons échangés quand était-ce
exactement sans doute ce jour où toi-même tu vins me parler mais de
quoi en tout cas ça je m'en souviens je dus te demander le texte de ce
thème allemand si difficile que nous essayâmes le lendemain de faire
ensemble ce ne fut pas une réussite c'est le moins qu'on puisse dire
pourtant je n'en regrette rien ce n'est pas de notre faute après tout tu
l'avais dit c'est difficile on ne peut y arriver du premier coup j'avais
bien fait de me décider à parler mais décider était-ce bien le mot peut-
être avais-je un peu bu pour en arriver à parler si longuement quand je
te quittai ce jour-là un samedi ce fut avec un peu d'émotion et déjà le
mardi nous sortions ensemble main dans la main et lui faussement
passionné s'approchant t'enlaçant t'asseyant sur le lit attends je ferme
les rideaux non pas la bouche car il y a toujours quelque chose qu'on
ne peut pas et de la main il pénètre sous le pull le plus doucement possible embarrassé par la chemise enfoncée toutes ces couches toi l'aidant bien sûr alors défaisant un à un les boutons le mieux possible la

main remontant le long du dos caressant le ventre y posant la tête atteignant les seins si petits et les caressant lentement les prenant dans les mains un dans chaque pour les soupeser les écraser enlève ta robe aussi alors j'éteins la lumière et se défaisant lui aussi gagné par l'obscurité et toi soudain nue dans ses bras sur le sol glacé mais pourquoi y repenser et se faire mal après tout tournons la page

je viens de rêver que quelques jeunes femmes parlent ensemble quand un enfant de trois ou quatre ans s'approche de l'une d'elles sans mot dire et arrête devant celle qui est sans doute sa mère son visage inexpressif la mère ne s'en soucie pas et continue la conversation puis comme l'enfant la regarde toujours avec la même insistance il se dit non décidément ce n'est pas du tout ça ça ne s'est pas passé de cette façon il faut tout reprendre je n'ai fait que mentir jusqu'à présent alors il entra elle restait appuyée tout contre lui il la serra dans ses bras et l'embrassa longuement puis cependant que d'une main il fermait les rideaux il l'allongea sur le sol presque brutal et pourtant si tendre elle ne disait mot il la sentait tout entière offerte bandant de plus en plus il arracha quasiment sa chemise de toute façon elles aiment ça ces salopes j'en sais quelque chose car dans les films ils le faisaient mais mon chou tu sais bien que la vie et les films ce n'est pas la même chose je te l'ai dit cent fois quand on aime la vie on ne s'enferme pas dans un cinéma voyons alors modeste je repris la scène quand on est débutant il y a souvent des ratés n'est-ce pas c'est parfaitement normal et il serait ridicule de le regretter après tout c'est comme ça qu'on se forme mais sur ses formes en fait il n'y avait rien à redire car pour ce qui est d'être bien roulée elle l'était et j'étais en train de retrousser sa robe qui lui couvrait la tête puis je remontai aussi la chemise elle avait l'allure étrange d'un mannequin de couture ou d'une créature tout droit sortie d'un tableau de Chirico la tête ainsi emmaillottée le buste nu les jambes encore emprisonnées dans le collant et le slip le tout privé de sens inhumain et soudain je ne sais comment tu es nue dans mes bras quelle impression ai-je alors peut-être un peu de dégoût mais je te caresse doucement longtemps tes seins d'abord puis ton ventre où je pose la tête par instants je sens le froid du plancher car ils sont tous deux par terre je ne crois pas l'avoir dit étendus sur le carrelage glacé qu'ils ne sentent bientôt plus car ça réchauffe mais ça je ne le sais pas car à ce moment je les aurai déjà quittés ne pouvant rester éternellement derrière la porte après tout quelqu'un peut arriver et il se dit que de toute manière il en a vu assez pour se branler et vite il rentre pour ne perdre aucune des précieuses images alors il m'est enfin possible de me remettre à écrire le texte raturé est toujours devant moi je m'étais laissé distraire mais relisant ce que j'ai écrit je me dis non décidément ce n'est pas du tout ça ça ne s'est pas passé de cette façon il faut tout reprendre je déchire la page et je recommence à zéro en fait je ne regrette pas du tout ce premier essai car il est évident qu'il me servira par la suite d'ailleurs je me suis donné un an pour l'écrire si dans un an ce n'est pas fait j'aviserai sauf bien sûr si la procédure est déjà engagée alors quoi il ne faut pas s'en faire et puis tu l'as dit toi-même l'orgasme c'est difficile il ne faut pas espérer y arriver tous les deux du premier coup il n'empêche que je continue à te caresser ma main droite brûlant entre tes cuisses malgré tes petits gloussements j'ai fini par trouver le trou ce n'est pas si facile et je reste longtemps dans cette position mon sexe dur et écarlate s'escrimant contre ton ventre tes seins sous tes cuisses entre tes genoux ce ne sont pas des choses qui s'improvisent surtout quand on n'est pas doué je ne pourrai peut-être jamais le finir ce roman que voulez-vous tout le monde ne peut pas être écrivain et je ferais sans doute mieux d'abandonner tout de suite cette lecture qui m'ennuie au plus haut point sauf bien sûr les passages croustillants mais je suis obligé de tourner les pages d'une seule main fébrile pour trouver la suite de la scène le moment où le garçon surpris du peu de plaisir qu'il prend car tout de même la masturbation il connaît ça et ça s'est toujours passé correctement se décide après de longues hésitations car quelle impression cela va-t-il produire et peut-être cela ne se fait-il pas on ne touche pas à ça mais pourtant trop excité comme ces gens qui dans un roman commencent par lire les dernières phrases espérant y trouver toutes les clefs de l'œuvre et pour ainsi dire du plaisir en raccourci ou un résumé de jouisssance trop excité répète-t-il pour être sûr d'être compris j'effleure ta main de la mienne c'est lui qui parle je le précise et je la fais lentement descendre la guidant vers ma queue jusqu'à te poser la main dessus tu la tiens alors d'une main pas trop ferme mais sans la caresser ni rien du tout car toi non plus tu n'as pas de technique ou alors trop de pudeur rassemblant ses forces il remue son bassin de plus en plus vite mais pourtant pas encore assez il a peur qu'elle ne se lasse qu'elle ne lâche tout oh non et en même temps il la caresse elle aussi vite si vite la faire elle aussi arriver au point mirifique moi-même fatigué j'ai une crampe au poignet je suis forcé de ralentir le rythme puis de m'arrêter d'écrire je ne suis plus reprenant de plus belle et alors sentant que ça vient j'y vais et tout de suite je m'abandonne dans tes bras haletant pendant que ça coule sur tes cuisses inondant tes mains ton ventre tes seins toi continuant le mouvement un peu trop tu me fais presque un peu mal nous nous abandonnons dans les bras l'un de l'autre sans un mot moi un peu gêné te serrant très fort soufflant te mordant l'épaule c'est ça l'amour et maintenant que j'ai joui je peux me remettre à écrire c'était ça qui me manquait voilà tout rien que ça mais la mère ne s'intéresse pas plus que tout à l'heure au petit garçon qui a arrêté devant elle son visage inexpressif cependant comme l'insistance de l'enfant dépasse l'ordinaire elle arrête un instant son regard sur lui ce dont il s'aperçoit bien sûr et il se dit comment ce salaud a assisté à toute la scène derrière la porte l'œil fixé à la serrure les lèvres entrouvertes heureusement je me réveille à ce moment quel rêve affreux vraiment mais non tout va bien je suis toujours dans tes bras depuis longtemps sans doute car je sens ma pine se raidir à nouveau et dans les livres j'ai vu qu'il faut au moins vingt minutes dès lors la scène reprend exactement de la même façon si bien que je me contenterai de recopier mot pour mot le premier écrit seulement il est presque minuit je ne le ferai que sur la version dactylographiée ajoute-t-il car pour ce qui est de se fouler ils ne se foulent jamais et n'hésitent pas à reprendre quatre cinq ou dix fois le même passage dans un roman par ailleurs aussi dépourvu de nouveauté que d'intérêt si ce n'est que tout d'un coup je me retrouve à nouveau dans tes bras mais cette fois du nouveau il y en a vraiment il se redresse en effet pour regarder sa montre je suis très en retard pense-t-il horrifié car ça va être l'heure de pointe je vais arriver à la dernière seconde et je serai par là même obligé de grimper dans le wagon de queue la suite est trop connue pour que vous la racontiez une fois de plus on a beau vider son sac et être une bonne poire bien juteuse avec la meilleure volonté du monde on n'en reste pas moins homme et limité c'est ce qu'il essaye de lui expliquer mais elle ne comprend pas et se lève va dans la cuisine où elle saisit à pleines mains cette fois un tube de lait nestlé et le boit goulûment c'est bon ajoute-t-elle ce qui rejoint ce que j'ai toujours pensé à savoir que le succès de ce produit soi-disant pour campeurs et boys-scouts est lié à un symbolisme phallique évident ce tube enfin petit réservoir qui après succion délivre avec une générosité presque excessive un liquide dont la couleur et la consistance quasi identiques à celles du sperme font qu'elles lui attribuent par extension le même goût et souhaitent ainsi violemment le boire et le gâcher elle en renversait partout comme elles voudraient pouvoir le faire avec la précieuse liqueur qu'on ne pouvait malheureusement répandre à volonté c'est ce que j'essayais de lui expliquer et lui aussi était entièrement d'accord puisqu'il avait toujours soutenu qu'une bonne part du succès de ces ouvrages était due à ces anecdotes porno dont ils étaient saturés non que j'ai quelque chose contre bien sûr je suis ouvert et c'est pratique pour se branler mais si on prétend faire de la littérature en plus ici ce n'est sous des apparences modernistes que de la petite psychologie et comment ne s'en est-il pas rendu compte plus tôt tout relève du procédé le plus grossier dédoublements imaginaires d'un personnage narrateur changements de temps et incertitude dans l'emploi des pronoms et des personnes c'est ce dernier point surtout qui me gêne lui de même je suis toujours d'accord avec le lecteur

ainsi donc l'insistance du garçonnet n'étant pas habituelle la mère fixe son regard et s'apprête à lui dire allons retourner jouer je t'appellerai quand il sera l'heure de rentrer mais ses yeux sont arrêtés par une tache sur le short du petit qu'as-tu fait encore cochon allez va jouer complètement désarmée par le mutisme de l'enfant et peut-être un peu étonnée par cette tache poisseuse elle se décide finalement à baisser le short du petit et alors elle voit le slip taché maculé en rouge en jaune et en vert ignoble dès cet instant elle a tout compris nous aussi d'ailleurs dit-il vous voyez que j'ai fait preuve de bonne volonté mais non décidément la narration classique ça me dépasse il faut abandonner ce rêve que je n'ai pas réussi à intégrer au texte et d'ailleurs y avait-il un rapport aussi net avec le reste que je l'avais pensé tout d'abord et cette histoire joue-t-elle vraiment le rôle de microcosme que je lui assignais mais la mère affolée ne l'écoute plus elle a tout compris et arrache le slip du gamin les femmes se mettent à hurler et se voilent les yeux le petit n'a plus de verge mais à la place un trou cylindrique profond d'un à deux centimètres d'où coule le sang par petits jets interrompus comme du sperme ce qui me rappelle ces quelques mots auxquels je n'avais pas prêté attention sur le moment parce que bien sûr c'est ce qu'elles disent avant qu'elles ne veulent pas faire l'amour que plus tard peut-être à vingt-trois ans mais pas maintenant je te préviens je suis trop jeune ça me fait un peu peur et moi riant je lui répondais ça ne fait rien il ne faut pas brusquer les choses ça sera quand tu voudras n'en pensant pas moins car tout était déjà si simple presque trop facile seulement voilà on comprend toujours trop tard quand c'est presque fini et qu'il ne reste plus qu'à recopier le fruit de longues nuits d'insomnie non je m'en rendis compte publier il n'y fallait pas songer à coup sûr il stagnerait dans cette demi-nuit où seuls quelques-uns le connaissaient et déclarèrent quand j'obtins le Goncourt j'ai toujours su qu'il avait du génie mais pour l'instant de mon génie ils s'en fichent car un texte non publié on ne prend même pas la peine de le lire oui je suis fatigué mais aussi voilà ce que c'est que de se croire obligé de finir le livre chiant posé sur la table et que ses yeux continuent à parcourir même si depuis plusieurs minutes déjà il a perdu tout contact avec cette promenade qu'accomplissent le personnage et son amie dans le parc et qu'il pense plutôt pour l'instant à la chance que c'est d'avoir obtenu un poste de lecteur dans cette université car à la vérité il n'espérait plus qu'il y arriverait persuadé que dans ce domaine un échec grave était irréparable et il n'avait pas fait preuve de grands dons dans cet exercice qui était aussi une sorte de concours les figures imposées avaient été particulièrement affligeantes qu'importe il avait persévéré et s'était finalement décidé à envoyer ce texte que le lecteur a toujours dans les mains au directeur d'une maison d'édition d'avant-garde ce qui lui vaut aujourd'hui d'avoir la nouvelle dactylographiée dans les mains il est en train de relire les épreuves puisqu'on va publier sa prose dans une importante revue mais en fait d'un lecteur il n'a que le titre car il ne lit presque rien sinon dans le train de mauvais romans policiers aux couvertures bariolées où se détachent deux grosses lettres blanches problablement les initiales du héros quelque chose comme C.S. ou plutôt P.S. oui c'est ça P.S. et aussi la silhouette d'une fille à demi-nue provocante un pistolet à la main qui dit avec un fort accent bulgare mais pour ce qui est de l'amour nous ne le ferons pas tu sais combien ça déplairait à Philippe c'est d'ailleurs au vu de la fille de la couverture que je me suis décidé à acheter le livre mais je suis déçu car le contenu ne correspond guère à la photo et les scènes croustillantes vraiment il faut tourner les pages pour les trouver et encore par bribes non c'est vrai c'est intelligent adroit et tout à fait industrieux seulement moi la cavalerie ça ne m'a jamais tenté et je comprends fort bien qu'il ait renoncé à l'envoyer à ce grand écrivain lecteur avide de nouveaux romans car sans doute se leurrait-il quelqu'un prendrait-il seulement la peine de lire son texte jusqu'au bout pour ma part en tout cas j'en suis positivement incapable ces histoires d'espionnage pour le compte de pays commmunistes n'intéressent plus personne et tout d'un coup je comprends ou plutôt c'est lui qui comprend qu'il n'y arrivera pas que c'est inutile que ça n'a été qu'un rêve et que ces brillantes mises en scène ne sont décidément pas faites pour lui ou plutôt c'est moi qui depuis le début cherche à lui expliquer que l'écriture c'est terminé pour moi qui suis assis devant cette table à terminer ma lettre sur ce nouveau roman que je n'arrive même pas à terminer que je ne terminerai pas d'écrire mon livre ni lui ni moi jamais nous ne pourrons le finir ça n'a été qu'un rêve que j'ai essayé vainement de raconter vous vous souvenez l'histoire de ces femmes et du petit enfant non bien sûr comment pourrriez-vous la connaître puisque c'est un rêve que je viens d'inventer comme le reste et comme celui que je viens justement d'entendre à l'instant même où cette certitude me pénètre je me sens paradoxalement envahi par une immense douceur comme si abandonnant l'écriture j'avais découvert la vie sans doute est-ce la décision qu'il vient de prendre qui lui a mis le sourire sur les lèvres car il est décidé maintenant à abandonner son poste de lecteur qui lui ronge petit à petit son talent et où il est condamné à n'être qu'un personnage et jamais lui-même oui il va tout arrêter et se consacrer exclusivement à l'écriture c'est à cela qu'il est destiné c'est sa vocation de toujours il est heureux de pouvoir annoncer cette heureuse nouvelle je suis content de m'y être enfin résigné pense-t-il car après tout il n'y a que ça qui compte ne pas rester éternellement sur le pas de la porte oui maintenant je l'ai fait le pas je l'ai ouverte la porte de l'Art et de la gloire et ça y est j'arrive déjà c'est la dernière page bientôt les dernières lignes qui sont en fait à peu près identiques aux premières et bouclent tout c'était indispensable pour réussir la circularité depuis Proust il n'y a que ça de vrai et c'est ça qui me vaut d'avoir pu publier ce texte dans une importante revue et de voir ainsi mes quelques lecteurs initiaux multipliés à l'infini tous peut-être finiront écrivains à ces mots je relevai la tête pour lui répondre il commençait à m'énerver sérieusement lui et ses petites masturbations intellectuelles de gauche à la con je n'allais pas le laisser semer la merde éternellement ce n'est pas comme ça que je l'ai dit bien au contraire car l'émission était en direct je continue donc mes invectives tout en gardant un œil sur le journaliste pour m'assurer que je ne vais pas trop loin mais ici le lecteur intervient dans le débat parce qu'il trouve que c'est un peu artificiel d'avoir introduit dans la fiction ce personnage du lecteur qui critique le livre lecteur par ailleurs caricatural l'auteur s'était donné le beau rôle ce qu'il voulait probablement c'était déjouer tout commentaire en l'incluant par avance dans le texte mais rien ne m'empêchera de dire que ce quatrième chapitre est moins bon que les autres pourtant si car peut-être est-ce simplement qu'il est moins porno mais s'agissait-il exactement de ça tout était si proche du procédé qu'il devait y avoir autre chose que si j'avais eu le temps et le courage de m'astreindre à une relecture j'aurais probablement découvert de toute façon il n'était plus l'heure de tout remettre en cause l'émission touchait à sa fin il ne faut pas revenir sur ses écrits ni se relire car la vie peut-on la relire non bien sûr alors quoi l'une d'elles crut bon d'ajouter qu'elle était vraiment agacée par ces perpétuelles interruptions non décidément ces supposées qualités étaient illusoires ce type ne savait pas écrire voilà tout quant à moi je me tus pour qu'on ne puisse pas me reprocher plus tard d'avoir injurié un génie et je me dis il vaut mieux publier ce texte ça ne coûte pas grand-chose mais poussé si loin le cynisme mettait mal à l'aise c'était vraiment le comble le défi suprême qui oserait le relever on ne pouvait aller plus loin ça au moins j'en étais sûr mais lisant ces derniers mots il se sentit pris de vertige emporté dans une illumination en un instant tout le texte s'éclaire son corps est pris de tremblement comme si les dizaines de plans préparatoires étalés sur ma table et mon lit ces schémas d'une complexité inouïe plus proches des diagrammes mathématiques ou des courbes de température que du carnet d'un romancier tous ces schémas qu'il avait patiemment élaborés durant des mois et peut-être bien davantage c'était comme s'ils lui étaient soudain apparus avec une inimaginable netteté mais ici en trahissant le dernier secret il avait dépassé les bornes un à un les auditeurs d'abord très discrets puis dès qu'ils se virent plus nombreux beaucoup plus franchement s'étaient levés avaient enfilé leurs manteaux et étaient sortis de la salle où il se retrouva bientôt seul assis à ma table de travail la lampe de chevet encore allumée je m'étais sans doute assoupi près d'elle il était d'ailleurs fort tard près de minuit dire qu'il fallait encore rédiger une lettre à l'auteur pour ne lui laisser aucun espoir de publier son texte mais pourquoi donc s'était-il cru obligé de lire le livre jusqu'au bout car maintenant qu'il ne restait que quelques lignes ça n'avait guère de sens d'abandonner il ne restait donc plus qu'à se laisser porter à nouveau par le même rêve pour terminer ce qui n'était qu'amorcé boucher les trous du récit reconstruire quelque chose de plus cohérent et éviter surtout une fin en queue de poisson c'est ce que je fis et je l'imaginais s'acheminant déjà sans le savoir vers cette tentative de restitution minutieuse d'un dépucelage dont rien j'en étais sûr ne pourrait le détourner mais il était de si mauvaise foi que ça

(1975)

BENOIT PEETERS

CONTREPOINT

Pour Marie-Françoise

Il est arrivé tard, la nuit dernière, dans cette ville qu'il connaît à peine. il y est venu une fois déjà, mais pour quelques heures seulement, quand il était enfant.

Alain Robbe-Grillet, *Les Gommes*

Un jour, pourtant, il aurait fait la belle et sans que rien, en apparence, ne distingue ce trajet de tous ceux qui l'avaient précédé, il aurait su que, cette fois, il avait franchi le pas, qu'il ne serait plus désormais, à ses propres yeux au moins, celui qui, vivant dans la première de ces villes, ne cessait de s'en aller vers la seconde, mais qu'il était devenu celui qui, ayant choisi la seconde, ne pourrait s'empêcher de retourner vers l'autre et cette transformation minime, presque imperceptible -qui lui avait fait quitter son pays pour cet autre vers lequel son propre nom l'attirait, tel un aimant (nom si commun pourtant que crié dans une gare il faisait, disait-on, se retourner l'ensemble des voyageurs, chacun se croyant personnellement appelé par ce nom qui les désignait tous), comme s'il lui fallait à tout prix venir se fondre et se confondre dans l'endroit où sa présence passerait le plus inaperçue- allait avoir des conséquences qu'il ne pouvait pour l'instant mesurer mais qui, loin de freiner son oscillation, lui donneraient une dimension nouvelle (et de plus en plus il s'en rendrait compte: davantage qu'entre deux pays, c'est entre deux villes qu'il se trouvait, car un pays vous choisit autant qu'on le choisit alors que faire partie d'une ville ne suppose que d'y habiter, et, si l'idée de pays restait pour lui inexorablement abstraite et vide, incapable d'éveiller en lui la moindre émotion, la ville au contraire le touchait au plus près).

Il comprendrait bientôt que de cette ville où il avait choisi de vivre il n'avait aucune idée. De l'autre -celle qu'il venait de quitter- il était facile d'expliquer pourquoi elle était belle. De celle-ci, il ne pouvait que dire qu'il l'aimait et désirait y vivre. Sans doute pouvait-il, comme chacun, émettre à l'occasion un jugement, élogieux ou sévère suivant les cas, mais c'était simple phrase d'emprunt, oubliée sitôt que dite. Sans doute lui était-il possible, aussi, d'imaginer ce que d'autres ressentaient -plusieurs lui avaient ainsi raconté que lorsque le train, ayant traversé les faubourgs, était entré dans la gare et qu'ils avaient découvert la ville pour la première fois, elle leur avait paru si laide qu'ils auraient voulu repartir à l'instant -mais cette image restait pour lui lointaine, incompréhensible et pour tout dire incroyable.

Peut-être aimait-il cette ville parce qu'il y pleuvait, plus souvent que partout ailleurs (il n'était pas sûr d'aimer la pluie, mais il aimait l'idée de la pluie), à moins qu'il ne l'aimât parce que c'était la ville de la bière (non plus que la pluie il n'était pourtant sûr d'aimer la bière), ou encore, plus secrètement, parce qu'il la trouvait laide et que, la trouvant laide, il s'y sentait chez lui. Plus tard, il se rendrait compte qu'il l'aimait comme une femme -ou était-ce seulement parce que l'image de cette ville était pour lui inséparable de celle d'une femme? Et pourtant non, il lui semblait que toujours, avant même de la connaître, il en avait été ainsi.

Et pour lui qui jamais ne saurait s'il trouvait cette ville belle, ni même s'il l'aimait, chaque pas qu'il faisait, chaque regard (ainsi justement lorsque le train pénétrait dans la gare et qu'il s'apprêtait à la découvrir une nouvelle fois) lui faisait retrouver, immanquablement, les silhouettes qu'il y avait croisées, les gens qu'il avait rencontrés, les événements qu'il avait observés, comme si chacun de ses pas devait nécessairement retrouver un de ceux qu'il avait posés des années auparavant et se glisser dans l'empreinte qu'avait laissée ce précédent passage: ville-madeleine en ce sens mais exactement à l'inverse de Proust, puisque si, dans *La Recherche*, le narrateur voyait tout Combray et ses environs sortir de sa tasse de thé, à lui il semblait au contraire que la ville, loin d'être le terme de ses associations, en était le point de départ et -de même que cette amie qui, ayant lu l'ensemble de *La Recherche* en écoutant le même opéra de Wagner (*Tristan*, je crois), ne pouvait plus en entendre un morceau sans qu'il fasse revenir à sa mémoire, au même instant, différents passages du roman proustien- la ville était devenue pour lui une sorte de vaste palimpseste où chaque rue, chaque café, chaque ligne de tramway lui rappelaient au même moment plusieurs couches de souvenirs, dès lors indissociables, une immense chambre d'échos où chaque élément renvoyait à tous les autres sans rien qui puisse interrompre la dérive, lui fixer une origine ou un aboutissement. Et sans doute était-ce pour cela qu'elle était sienne (qu'il la sentait sienne): que nul lieu n'était pour lui un simple lieu mais un réservoir de sensations et d'images. Du fait de sa relative petitesse, il était d'ailleurs difficile d'y passer une journée sans croiser quelques visages connus: les retrouvailles y étaient chose courante et jamais l'on n'y pouvait perdre quelqu'un de vue (et c'était pourtant tout le contraire d'un village, la ville restant suffisamment vaste et anonyme pour que l'on éprouve du plaisir à y retrouver un visage, pour que chaque rencontre conserve cette part d'inattendu qui seule pouvait la rendre désirable).

Ce sentiment de familiarité s'accentuait de jour en jour et bientôt viendrait ce moment où, revenant dans l'autre ville (celle que peu de temps auparavant il appelait encore la sienne), il ne s'y sentirait plus chez lui, où la gare elle-même, lorsqu'il descendrait du train, lui paraîtrait effrayante, où les rues l'une après l'autre lui deviendraient étrangères, chacun de ses déplacements se transformant en une aventure difficile dans laquelle il ne se lancerait plus qu'un plan à la main, régressant dans la connaissance de cette ville à mesure qu'il progressait dans celle de l'autre à tel point qu'il ne doutait pas de redevenir un jour le touriste qu'enfant il y avait été (ses grands-parents l'emmenaient visiter monuments et musées, se promener sur les Boulevards ou prendre un verre au Café de la Paix), comme s'il ne pouvait rien gagner sans perdre quelque chose, comme si chaque information nouvelle devait nécessairement en chasser une ancienne, sa mémoire ne pouvant contenir (telle une bibliothèque un nombre limité de volumes) qu'une quantité fixe d'éléments.

Il finirait par se demander si le seul lieu d'où il était vraiment ne serait pas le train, si les trois heures qui séparaient ces deux villes (car davantage que la distance, c'est le temps qui sépare les lieux -et il se prenait à rêver de ce que deviendraient les rapports entre les deux villes lorsque ce nouveau train, dont il avait entendu parler, ne mettrait plus qu'une heure à les joindre l'une à l'autre: on pourrait alors habiter la première et travailler dans la seconde, idée aussi inacceptable pour lui que, pour le narrateur de *La Recherche*, de se rendre à Guermantes en prenant par Méséglise), heures vécues dans l'ennui ou le plaisir le plus intense, lisant *La Modification* ou *L'Inconnu du Nord-Express*, observant ses voisins de compartiment, traversant plusieurs fois les couloirs à la recherche d'une tasse de café ou passant un moment, seul, au wagon-restaurant, n'étaient pas caractéristiques de cette situation qui était la sienne (le train était pour lui un lieu totalement singulier, presque sans rapports avec les pays qu'il devait joindre l'un à l'autre, non pas un mixte mais plutôt un autre pays, et dans son incessant mouvement de va-et-vient, dans son essentielle instabilité, il retrouvait un écho de sa propre oscillation - car pas plus que le train il

n'hésitait entre les deux pays ayant au contraire opté pour ce balance-
ment perpétuel).

De là son attirance pour les gares, lieux de l'entre-deux qu'il
connaissait mieux que tous les autres, non qu'il les aimât (il détestait
même la première, glacée, effrayante parfois, avec ses couloirs noirs
de monde qui, descendant vers le métro, lui donnaient, plus que tout
autre lieu, l'impression que cette ville n'était plus la sienne et le faisaient s'étonner d'avoir un jour réussi à y vivre) mais, nulle part
mieux que là, il ne percevait la différence entre ces deux villes, comme si chacune avait fait de sa gare la caricature un peu triste de ce
qu'elle était, quelque chose comme une carte de visite vaguement
monstrueuse. C'est d'ailleurs la dernière image qu'il devait en garder
car, y pensant, il se reverrait tout à coup arrivant à la nuit tombée, descendant du quai une valise à la main, ses yeux un peu égarés ne ces-
sant de regarder à gauche et à droite, juste avant d'apercevoir celle qui
est en train de l'attendre, dans le hall de cette gare, du côté de la rue de
France.

Bruxelles-Paris-Bruxelles, 29 mai-12 juin 1980.

ROBERT-LOUIS STEVENSON

L'AUDACIEUX PARI DE TOMMY CRANE

Je ne remercierai jamais assez la bourrasque qui me fit m'égarer, ce jour-là, sur les rives du Loch Tay, et trouver refuge dans cette sinistre auberge de Kenmore où se nouèrent les principaux fils de l'histoire dont je puis enfin, maintenant que ses principaux acteurs ont disparu, entreprendre le récit fidèle et exhaustif.

J'étais installé dans un coin de la salle, achevant ma maigre pitance à l'abri des éclats de voix et du rire épais des buveurs, lorsque la porte s'ouvrit brusquement et laissa pénétrer, en même temps que le vent glacé de la lande, l'imposante silhouette d'un voyageur solitaire. Tous les yeux, avec l'entrain encore possible à cette heure de la soirée, se tournèrent vers le nouveau venu qui, sans un mot, s'attabla. Quelque chose dans son allure -peut-être la sécheresse de ses traits ou la rigidité de son maintien- dicta bientôt le silence à l'assemblée des brailleurs rubiconds. Après être restée quelques instants bouche bée, Nona, la serveuse de toujours, s'avança vers l'étranger.

- Je crois bien n'avoir jamais vu un temps pareil à cette époque de l'année, dit-elle en le regardant fixement.

L'homme ne broncha pas, comme s'il n'avait pas entendu. Aussi la vieille femme reprit-elle:

- Votre manteau est trempé. Je vais le mettre à sécher près du feu.

Si le voyageur persistait dans son mutisme, du moins n'était-il pas sourd, puisqu'il se débarrassa du pesant vêtement. Ne désespérant pas d'entendre le son de la voix de ce taciturne personnage, Nona, gardant le manteau sur son bras, fit une nouvelle tentative:

- Et que vais-je vous servir?

Il désigna du doigt mon assiette qui était pourtant vide.

- Mille regrets, Monsieur, la chose est impossible, il n'y en a plus.

- Eh bien, cela ne fait rien, donnez-moi ce qui vous reste.

A ces mots, Nona sut que la voix de ce singulier visiteur avait déjà résonné dans ce lieu; elle reconnut Lord Otherfield.

....

Lord Otherfield avait été, de nombreuses années auparavant, le grand homme de Kenmore. Le village vivait alors au rythme de ses départs et de ses retours, car Owen -ainsi demandait-il à être appelé dans l'auberge- était un voyageur passionné. Il incarnait la figure même de l'aristocrate excentrique, du châtelain désinvolte, si chère à notre pays. Délaissant l'administration de ses terres, la confiant à quelques zélés régisseurs, Owen Otherfield avait préféré la vie aventureuse des goëlettes et des tropiques. Et quand il revenait dans son fief, c'était pour poursuivre ses voyages, une plume à la main. Plusieurs de ses récits, *Le Mystère des Iles*, *De Boston à San Francisco*, *Un point blanc sur la Carte*, avaient du reste rencontré un réel succès dans les colonnes des meilleures gazettes de la contrée. Ses plus fidèles admirateurs, toutefois, il les trouvait à l'auberge à laquelle il réservait la primeur de ses récits. Ces admirateurs avaient, depuis quelque temps déjà, renoncé à l'idée d'un jour être bercés par l'évocation du prodigieux voyage pour lequel leur héros s'était embarqué, voici plus de six ans, et dont il revenait, ce soir, dans cette salle où il avait si bien parlé, où l'on avait si constamment parlé de lui et où, la déception faisant son œuvre, l'on avait peu à peu cessé de prononcer son nom.

Sitôt que la vieille eut soufflé à l'oreille des plus anciens habitués l'identité de leur peu loquace commensal, la curiosité devint fascination. Tous étaient suspendus aux lèvres du revenant, comme s'ils attendaient à le voir, d'un instant à l'autre, se lever, s'asseoir sur le grand fauteuil près de la cheminée et reprendre, par delà cette insupportable interruption, le fil envoûtant de ses récits. Pourtant, saisis d'on ne sait quelle prescience, aucun de ces hommes, encore si bruyants la minute précédente, n'osa risquer la moindre question. Et quand, ayant avalé rapidement le pauvre repas -identique au mien, je le vérifiai- que Nona avait déposé devant lui, il alla lui-même reprendre son manteau et quitta l'auberge sans saluer, il n'en fut pas un qui s'attarda bien longtemps après lui.

....

Les jours qui suivirent, il ne se passa rien. Mais l'inopiné retour de Lord Otherfield n'allait pas tarder à alimenter les conversations. le vieux Malville pensait -et c'était alors l'avis le plus partagé- qu'il fallait laisser du temps à Owen, que chacun y trouverait son compte. Après une si longue absence, expliquait-il, il est naturel de faire une pause pour se remémorer dans le détail son aventure et méditer sur la façon d'en tirer tout le sel et de la dérouler avec bonheur jusqu'à son terme. Et puis, ajoutait Fayle le fossoyeur, il y avait sûrement tant à raconter! Tommy Crane, lui émit, une tout autre opinion: si Otherfield ne racontait rien, c'était parce qu'il n'avait rien à raconter. Le voyage dont il leur avait rebattu les oreilles durant des mois, alors qu'il en fixait les étapes successives, ce voyage si extraordinaire qu'il aurait comme frappé de nullité tous les autres, n'avait tout simplement jamais eu lieu.

Est-il besoin de le préciser, l'aubergiste n'apprécia guère la calomnieuse insinuation de Crane. Il est vrai qu'il n'avait jamais beaucoup apprécié le bonhomme, cet artiste arrivé du Sussex voilà six ans, à la suite de quelque ténébreuse affaire et qui, depuis, promenait dans les rues de Kenmore ses ivresses et son impécuniosité. Aussi le robuste tenancier saisit-il l'occasion de rappeler ses dettes à son indélicat client. Comme celui-ci protestait, il le pria de ne plus remettre les pieds dans l'établissement. Qui n'a pas vécu dans ces coins reculés de l'Ecosse ne peut mesurer la sévérité de l'exclusion qui fut prononcée ce soir-là. A Kenmore, comme en bien d'autres endroits, l'auberge est le centre de toute l'activité, le point de rencontre et le carrefour des nouvelles, le lieu des amitiés et des brouilles, des bonnes affaires et des marchés de dupes. A partir de ce moment, la déchéance de Crane n'eut plus de fond; sa mise en quarantaine marqua la fin de son étrange carrière.

Bien d'autres soucis accablaient déjà le village durant ces semaines. Lord Otherfield ne desserrait toujours pas les dents et, peu à peu, les derniers optimistes se rangeaient à l'opinion générale selon laquelle il ne parlerait plus. Les supputations extravagantes allaient bon train, tâchant chacune d'expliquer l'inexplicable et de trouver quelque fondement sensé à une semblable aberration. Bientôt, pourtant, un événement d'une tout autre envergure coupa court à cette effervescence: les premiers symptômes d'une mystérieuse épidémie s'étaient abattus sur le village et ses alentours.

....

L'horrible décès de Nona nous frappa plus que je ne saurais le dire. Rapidement, la rumeur suivant laquelle Otherfield était le seul responsable de cette invraisemblable série de malheurs s'enfla de façon si considérable que les autorités de Perth jugèrent opportun de dépêcher sur place un enquêteur.

Sur l'entrevue du constable Blanchert et d'Owen Otherfield, je ne dispose que de très peu d'informations. Et même ma récente rencontre avec ce policier jovial ne m'a pas permis de me faire une idée plus précise. Toujours est-il que Blanchert sembla convaincu que le voyageur n'était en rien impliqué dans ce drame. L'idée d'un mal épouvantable rapporté du bout du monde par l'imprudent châtelain n'était, selon lui, qu'une niaise fable villageoise, l'une de ces superstitions promptes à se manifester dans ces campagnes isolées. Pour étrange qu'elle parût, l'épidémie n'en devait pas moins avoir une cause plus proche: n'avait-on pas déjà vu, dans les immédiats environs, des phénomènes tout aussi insolites? Assurément, on ne tarderait pas à découvrir...

....

J'allais me résigner à l'idée qu'Otherfield ne livrerait jamais le fin mot de son histoire, quand à mon club d'Edimbourg, un soir de l'hiver qui suivit, je tombai sur un compte rendu louangeur du volume qu'il venait de faire paraître. Enfin, pensai-je, il s'était décidé à raconter son odyssée; s'il n'avait rien voulu dire à l'auberge, c'est qu'il avait craint de gâcher un si beau sujet par une présentation défectueuse devant un auditoire trop exalté. Je dus vite déchanter. L'ouvrage en question, loin d'offrir la relation tant désirée, était en fait un épais roman historique dont l'action se déroulait dans le Piémont aux plus sombres heures de la Renaissance.

A mesure que la gloire de l'écrivain s'affermissait, s'étendant bien au-delà des limites de l'Ecosse, les catastrophes continuaient de pleuvoir sur ce village déjà tant éprouvé. Ce furent tout d'abord d'incroyables inondations, comme même le vieux Malville assurait n'en avoir jamais vues dans la région. Que le château, juché sur la colline, fût l'une des seules bâtisses épargnées par le cataclysme renforça, s'il en était besoin, la rancœur à l'endroit de l'aristocrate. Deux années plus tard, une grave dissension affecta la communauté villageoise; une absurde histoire de cadastre, soudain ravivée par les nombreux changements de propriétaires consécutifs à l'épidémie, plongea Kenmore dans la plus complète confusion; une fois de plus c'est Otherfield qu'on accusa: n'était-ce pas avec son retour, quoi qu'on en ait dit, que le premier fléau avait frappé?

D'autres calamités, sur lesquelles il n'est pas nécessaire que je m'étende, firent qu'à chacun de mes passages à Kenmore -passages qui, je l'avoue, devinrent de plus en plus fréquents- un nouveau grief contre le châtelain s'était ajouté à une liste déjà lourde.

Pour les gazettes toujours avides de légendes, la double figure de Lord Otherfield consituait une véritable manne. Honni par ses villageois, adulé par ses lecteurs, l'individu était d'autant plus fascinant que rien ne permettait de relier les deux versants de sa personne: ses romans, à chaque livraison davantage, s'écartaient de sa vie, qu'elle fût passée ou présente, comme si l'écrivain cherchait dans des récits imaginaires l'oubli de son curieux destin.

J'ai lu tous ses livres plusieurs fois, espérant percevoir au détour d'une phrase, ou même entre les lignes, quelque écho de la face cachée de son aventure; je suis en mesure de certifier qu'on n'y peut rien trouver de cet ordre. J'ai appris à goûter la saveur de son style et le piment de ses intrigues; mais mon désir est demeuré inassouvi.

....

Bref, ses bontés successives, loin de désarmer la suspicion, n'eurent pour effet que de la relancer. C'était de l'auberge, reprise depuis peu par le virulent Morton, que partaient maintenant les allégations les plus graves.

- Pour afficher tant de générosité, faut-il qu'il ait beaucoup à se faire pardonner! répétait Fayle.

- Il croit qu'à ainsi jeter son or, il fera oublier ses fautes, renchérissait le tenancier.

De l'or, certes, Otherfield en jeta beaucoup, dilapidant l'essentiel de sa fortune en finançant tour à tour la construction de l'école d'Amulree, l'édification de remblais sur la rive Est du Loch Tay et cédant une grande partie de ses terres à ceux des paysans qui s'étaient crus lésés par les récentes transformations du cadastre. Le coût de la seconde de ces entreprises dépassa de si loin les prévisions les plus larges qu'il contraignit lord Owen à redoubler de zèle dans son travail littéraire, le conduisant à écrire jusqu'à six livres par an; par bonheur pour lui, tous connurent le succès.

Est-il besoin de le dire, pareille situation n'avait aucune chance de jamais s'améliorer et, jusqu'à la mort du châtelain, ses déraisonnables largesses et la formidable haine des villageois ne firent qu'aller en s'amplifiant. Il mourut d'ailleurs presque ruiné, mais peut-être avec la satisfaction d'avoir rempli les rayons des bibliothèques d'une impressionnante quantité de volumes. Le château demeura longtemps inhabité, laissant les gens de Kenmore désemparés devant ce vide désormais impossible à combler.

....

Je puis maintenant en arriver au plus incroyable de cette affaire, à cet authentique coup de théâtre que j'appris de la bouche même de l'intéressé: peu de temps après que le malheureux artiste eut été mis au ban de la société de Kenmore, Lord Otherfield avait recueilli, lui permettant ainsi de renouer avec une œuvre restée trop longtemps insaisissable, le marginal Tommy Crane.

Traduit de l'anglais par Michel Gauthier et Benoît Peeters (1984).

ANNEXE 3 b

GAUTHIER PEETERS

DES POINTS BLANCS SUR LA PAGE

Il faut encore que je parle ici d'un fait assez curieux. J'ai beaucoup voyagé (...). Or, de tous ces voyages, je n'ai jamais rien tiré pour mes livres. Il m'a paru que la chose méritait d'être signalée tant elle montre clairement que chez moi l'imagination est tout.

Raymond Roussel

Ecrite en 1893, juste avant que Stevenson n'engage la rédaction de son ultime roman, la nouvelle qu'on vient de lire connut un destin aussi étrange que celui de son héros. Elle ne figure pas au catalogue des œuvres de l'écrivain, n'ayant été publiée que très tardivement, et presque confidentiellement, en appendice au volumineux ouvrage de W. Mc Donald, *Stevenson: The Samoan Years*[1].

De fait, le lecteur de ces grands textes romanesques que sont *L'Ile au Trésor*, *Les Aventures de David Balfour* ou *Le Maître de Ballantrae* ne peut manquer d'être surpris en découvrant ces pages: le récit s'y révèle d'une obscurité qui confine à l'incohérence, les signes d'inachèvement abondent et le style lui-même, çà et là, semble se relâcher. Tous phénomènes -inhabituels chez Stevenson- qui ont fait dire aux spécialistes que *Tommy Crane's Daring Bet* n'était qu'une simple esquisse, abandonnée parce que "peu prometteuse" ou "inexploitable". C'est d'ailleurs dans cette optique que le professeur Mc Donald convoque le texte dans sa thèse, voyant dans ce "début de nouvelle" le symptôme du désarroi d'un Stevenson sur le point d'entamer *Herminston, le juge pendeur*, son dernier ouvrage et selon plusieurs, dont l'auteur[2], son chef-d'œuvre.

Toutefois, pour peu que la lecture sache se faire attentive, les choses, de suite, s'avèrent un rien plus complexes.

Ainsi, l'inachèvement, loin d'être dû à des raisons strictement empiriques, pourrait bien appartenir en propre à ce texte et sa simulation constituer le centre même du projet scriptural ici mis en œuvre. Que l'affectation lacunaire soit structurelle et non contingente, de nombreux indices sont là pour l'attester.

Parmi eux, le plus massif est sans doute l'étrangeté de la répartition des coupes: elles n'interviennent que rarement à l'endroit où l'usage commanderait qu'elles se trouvent. Les deux premières lignes de points de suspension créent le vide plutôt qu'elles ne le signalent; à l'inverse, après l'allusion au premier roman d'Otherfield (celui qui se déroule "dans le Piémont aux plus sombres heures de la Renaissance"), une interruption fait de toute évidence défaut, puisque la gloire de l'écrivain est dite s'affermir, alors qu'on ne l'a pas encore vu naître.

Plus inattendue dans une œuvre du XIXème siècle est la constante métaphorisation, dans la fiction, des lacunes qui affectent la narration. De l'assiette vide du narrateur au titre de certain récit de voyage, *Un point blanc sur la carte*, en passant par des noms comme Fayle (où s'entend le défaut, le manque, de "fail") et Blanchert, sans oublier la double initiale d'Owen Otherfield évoquant à la fois l'absence et le bouclage, le texte ne cesse de figurer les trous dont il est parsemé; il va même jusqu'à faire de leur nombre, six, l'élément principal de son sytème numérique.

Davantage: dans les pourtours immédiats de chacune des coupures s'insinuent, parfois très directes, des allusions à ce qui, textuellement, se produit. "Les jours qui suivirent, il ne se passa rien'", est-il écrit juste après la deuxième. "Les premiers symptômes d'une mystérieuse épidémie s'étaient abattus sur le village et ses alentours", lit-on immédiatement avant la troisième. "Le château demeura longtemps inhabité, laissant les gens de Kenmore désemparés devant ce vide désormais impossible à combler", explique le narrateur au moment où va survenir la dernière. Enfin, en quelques lignes presque explicites, se trouve même pointé le caractère purement textuel de l'épouvantable mal qui s'est abattu sur la région:

"Pour étrange qu'elle parût, l'épidémie n'en devait pas moins avoir une cause plus proche: n'avait-on pas déjà vu, dans les immédiats environs, des phénomènes tout aussi insolites? Assurément, on ne tarderait pas à découvrir..."

La chose est admirable: le récit s'interrompt à l'instant précis où le texte effectue concrètement l'opération qu'il était en train d'envisager. Et le lecteur, alors, de découvrir, la nature de cette "absurde histoire de cadastre".

Bref, loin d'être subies comme des éléments fortuits, les interruptions opèrent ici comme un code littéraire avec lequel joue Stevenson, qui s'amuse, de la sorte, à duper les plus crédules de ses lecteurs. Emblématisant des coupes qui n'ont pas lieu, en créant d'autres à seule fin de justifier ces métaphores, *L'Audacieux pari de Tommy Crane* réalise ce que l'on pourrait, en toute rigueur, appeler une *métatextualisation bathmologique d'une donnée péritextuelle*[3].

Mais cette nouvelle n'est pas seulement bouclée textuellement, elle l'est aussi narrativement. Et que le soin de ce bouclage soit laissé au lecteur, si toutefois il consent à lire entre les lignes ainsi que l'y invite le narrateur, voilà qui n'est pas le moins intéressant. Si l'on veut bien voir dans le titre davantage qu'un instrument de leurre, si l'on s'attarde quelques instants sur les circonstances qui voient Tommy Crane mis à la porte de l'auberge de Kenmore, l'on a toute chance de pouvoir interpréter le geste final du châtelain comme autre chose qu'une nouvelle preuve de son inutile et anormale bonté. Artiste plus crédible qu'on ne pouvait l'imaginer, Tommy Crane, véritable émule de Roussel, aurait d'emblée vu juste quant à la mystification du châtelain, devinant que ce n'est pas en voyageant des années que l'on développe ses qualités littéraires.

R. L. Stevenson semblerait du reste en être arrivé aux mêmes conclusions, lui qui écrivait dans une lettre à Mr Barrie, le 1er novembre 1892:

"C'est une chose singulière que je puisse vivre ici dans les mers du Sud, dans des conditions si nouvelles et si curieuses, et que cependant mon imagination habite toujours les vieilles collines grises et froides, et le brouillard dans lequel je suis né."

La figure d'Owen Otherfield apparaît, dès lors, comme curieusement symétrique de celle de Stevenson au moment où il écrit ce texte, renversant ce rapport au voyage et à l'exotisme qui fonde son image de marque et brisant du même coup sa relation avec son public comme le châtelain avec ses auditeurs de l'auberge. Et que l'on tienne ce texte pour lacunaire, alors ce n'est qu'à donner pareille orientation à sa fiction et à prolonger la symétrie que l'on pourra le compléter. L'on verrait ainsi Lord Otherfield repartir en voyage pour écrire des livres ne concernant, ni de près, ni de loin, le voyage. Mais ce serait peut-être donner un ton bien jamesien à une nouvelle qui, déjà, n'en est pas dépourvue.

(1984)

(1) Darwin University Press, 1965.

(2) Dans une lettre datant de cette époque, Stevenson écrit à Ch. Baxter: "Prenez garde, je compte que le *Lord Juge* sera mon chef-d'œuvre."

(3) Sur la notion de péritexte, nous nous permettons de renvoyer le lecteur à l'article de Jan Baetens, "Bande à part", in *Conséquences 1*. Sur celle de bathmologie au *Roland Barthes par lui-même* (Seuil) et à *Buena Vista Park* de Renaud Camus (Hachette/P.O.L).

REPERES BIOGRAPHIQUES

1956
Naissance de Benoît Peeters à Paris.

1958
La famille de Benoît Peeters, dont le père est fonctionnaire à la CEE, déménage à Bruxelles.

1968
Benoît Peeters fait la connaissance de François Schuiten, avec qui il lance au collège un petit journal, *Go*.

1973
La famille de Benoît Peeters rentre à Paris.

1974
Benoît Peeters fait à Paris des études de philosophie. Il passera le diplôme de l'Ecole des Hautes Etudes sous la direction de Roland Barthes et participe de près à l'intense vie littéraire et intellectuelle de ces années.

1975
Publication d'un premier texte en revue, "Puissances".
Séjour au Centre culturel international de Cerisy-la-Salle, dont il deviendra un habitué pour de longues années. Des échos du colloque Claude Simon et de ses liens avec Jean Ricardou transparaîtront dans son premier livre, *Omnibus*.

1976
Publication du premier livre de Benoît Peeters, *Omnibus*.

1978
Retour à Bruxelles, ville à laquelle il restera fidèle malgré d'innombrables voyages et de non moins nombreux déménagements.
Début de la collaboration avec la photographe Marie-Françoise Plissart et retrouvailles avec François Schuiten.

Travail comme libraire, puis, rapidement, comme écrivain-scénariste indépendant.

1980
Premier livre de Benoît Peeters sur Hergé.

1981
Premier livre en collaboration: *Correspondance.*
Benoît Peeters participe activement à la création et à l'animation
de plusieurs revues: *La Chronique des écrits en cours* (1981-
1982), *Affaire de styles* (1982-1983) et surtout *Conséquences*
(1983-1991).

1982
(A Suivre) commence la prépublication des *Murailles de
Samaris*: lancement de la série des *Cités obscures* en collabora-
tion avec le dessinateur François Schuiten.

1983
Publication de *Fugues*, le premier des romans-photos de Benoît
Peeters et Marie-Françoise Plissart.

1985
Prix Alfred du Festival d'Angoulême pour *La Fièvre
d'Urbicande.*
Création, avec Marc Avelot et Michel Gauthier, des éditions Les
Impressions Nouvelles, qui révéleront au public *La Cage* de
Martin Vaughn-James, notamment, et défendront l'œuvre de Jean
Lahougue après sa rupture avec Gallimard.

1986
Publication du volume collectif *Autour du scénario*, qui témoigne
des intérêts théoriques et pédagogiques de Benoît Peeters.

1987
Collaboration soutenue avec le cinéaste Raoul Ruiz, qui cosigne-
ra le scénario du *Transpatagonien* (1989). Réalisation d'un premier court métrage, *Le Compte rendu*, qui sera présenté au
Festival de Berlin.

1989
Publication de *Paul Valéry, une vie d'écrivain?*, première biographie d'un auteur dont la figure a toujours fasciné Benoît Peeters.

1990
Création de l'association *Urbicande*, qui organise des expositions et des événements autour des *Cités obscures*.

1992
Hitchcock, le travail du film, synthèse de plusieurs années de réflexion sur une œuvre qui, avec celles d'Hergé et d'Agatha Christie, a toujours nourri la pratique de Benoît Peeters.
Le court-métrage *Servaisgraphia* est projeté au pavillon belge de l'Exposition universelle de Séville.

1994
Töpffer, l'invention de la bande dessinée (en collaboration avec Thierry Groensteen).
Organisation de l'exposition *Les Métamorphoses* de *Nadar*, pour laquelle Benoît Peeters écrit un catalogue très remarqué.

BIBLIOGRAPHIE

1. OUVRAGES DE BENOIT PEETERS

OMNIBUS, roman. Paris, éd. de Minuit, 1976.
Cette biographie imaginaire de Claude Simon anticipe non seulement sur le prix Nobel et le Discours de Stockholm de 1986, mais livre aussi un témoignage d'une grande drôlerie sur les aspects les moins connus de la personnalité et des habitudes de travail du grand auteur. Enquêtant sur la genèse du *Tiercé*, le chef-d'œuvre inconnu de Simon, le narrateur, Pierre Lidiaux, découvre ainsi des détails troublants sur les rapports entre l'écrivain et son secrétaire, Jean Pastissou.

LA BIBLIOTHEQUE DE VILLERS, roman. Paris, éd. Robert Laffont, 1980.
Réédition revue et corrigée, illustrée par François Schuiten, mise en page par Patrice Hamel. Paris, éd. Les Impressions Nouvelles, 1990.
Venu à Villers pour une recherche sur des meurtres remontant à plus de cinquante ans, le narrateur du livre se voit bientôt pris dans un engrenage infernal dont il tente de mettre au jour la logique secrète. Un premier meurtre a lieu, bientôt suivi de trois autres assassinats qui font peser sur l'enquêteur des menaces de plus en plus précises. Un cinquième meurtre se produit, mais les surprises qu'il révèle sont telles qu'il permettra au lecteur de comprendre la véritable nature des crimes de Villers. (Dans la première édition, le roman est suivi d'un court essai, "Tombeau d'Agatha Christie".)

CORRESPONDANCE, textes brefs (photographies de Marie-Françoise Plissart). Crisnée, éd. Yellow Now, 1981.
Un écrivain et une photographe s'envoient photos et textes, suivant un protocole on ne peut plus strict. Tantôt, en effet, ce sont les images qui génèrent, par contrecoup, une réponse écrite, tantôt c'est la photographie qui fonctionne comme réplique à un stimulus verbal. Renouvelant en profondeur les rapports entre texte et image dans le livre photographique, le dispositif imaginé par Peeters et Plissart étend aux dimensions du volume les propriétés du célèbre "carré magique" cité en exergue.

HERGE, livre-cassette. Bruxelles, éd. Décembre, 1981.
Tranchant sur la masse d'écrits journalistiques sur l'œuvre et, plus encore, sur la personne de Georges Rémi, cet ouvrage propose pour la toute première fois une vue d'ensemble de la série des *Tintin* du point de vue des structures et enjeux du récit. L'ensemble comprend en plus des interviews fouillées avec les principaux collaborateurs d'Hergé et avec quelques spécialistes de son œuvre.

FUGUES, roman-photo (en collaboration avec Marie-Françoise Plissart). Paris, éd. de Minuit, 1983.

Dans ces "nouvelles aventures du triangle" (Jean Ricardou), c'est à première vue une histoire policière dans la lignée de Poe et de "La lettre volée" qui est proposée à la perspicacité du lecteur. Celui-ci, d'ailleurs, en saura à la fin bien plus que les personnages, dépassés de toutes parts par une machination complexe. Entretemps, toutefois, se découvre aussi une fable sur le regard et les vertus ou mirages de la photographie.

LES MURAILLES DE SAMARIS, bande dessinée (en collaboration avec François Schuiten). Paris/Tournai, éd. Casterman, 1983. Edition complétée en 1988.

Pour l'éditeur, la presse, le public, l'affaire est entendue: la nouveauté de ce livre tient d'abord au fait que son protagoniste n'est plus tel personnage humain, mais bien la ville, le décor, l'espace. L'hypothèse est séduisante, car c'est de Xhystos, lieu imaginaire conçu dans le style art nouveau, que naîtra plus tard tout l'univers des *Cités obscures*, dont ce livre inaugure la série. Cependant, réduire les *Murailles* à la seule mise en scène du décor, pour spectaculaire qu'en soit la promotion, c'est méconnaître la richesse thématique d'un récit qui se veut surtout une réflexion sur le trompe-l'œil et le déni de l'illusion référentielle. L'envoûtement de Franz, balloté entre deux villes, deux femmes, deux chronologies, mais aussi entre le réel et la fiction, ne diffère pas fondamentalement de celui que doit traverser chaque lecteur pour se défaire de certains guet-apens.

LE MONDE D'HERGE, monographie. Paris/Tournai, éd. Casterman, 1983. Edition entièrement refondue en 1991.

Outre un très long entretien avec Hergé, le dernier qu'il ait accordé avant sa mort, et une analyse précieuse de chacune des *Aventures de Tintin*, cette étude contient un bon aperçu des divers travaux graphiques réalisés par Hergé en marge de la bande dessinée: dessins de couverture, illustrations, commandes publicitaires. Elle aborde de même l'ouverture progressive de la constellation Tintin aux autres média (dessins animés, cinéma, produits de merchandising).

LES BIJOUX RAVIS (UNE LECTURE MODERNE DE TINTIN), essai. Bruxelles, éd. Magic-Strip, 1984.

S'inspirant de la méthode de lecture pratiquée par Roland Barthes dans son *S/Z* (Paris, Seuil, 1970), Benoît Peeters scrute case par case la moins narrative, mais aussi la plus textuelle, des *Aventures de Tintin*, celle où il ne se passe rien au niveau de la fiction mais où tout renvoie à tout au niveau des signes offerts à la lecture: *Les Bijoux de la Castafiore*. Mettant explicitement en rapport l'album d'Hergé, d'un côté, et les films d'Hitchcock ou les romans policiers d'Agatha Christie, de l'autre, Benoît Peeters concilie dans cet essai son amour du récit et son goût des agencements formels.

LA FIEVRE D'URBICANDE, bande dessinée (en collaboration avec François Schuiten). Paris/Tournai, éd. Casterman, 1985. Edition complétée en 1990.

Invité à remodeler le plan d'Urbicande que dépare à ses yeux un regrettable manque de symétrie, Eugen Robick, l'urbatecte officiel de la ville, va être confronté à un réseau de cubes proliférants sorti tout droit d'un bibelot posé innocemment sur sa table de travail. Le réseau incontrôlable déréglera la vie privée et publique des citoyens, permettant à Robick de découvrir, parmi d'autres choses, le corps de la femme et les connivences entre le pouvoir et l'architecture. La structure disparaîtra finalement suite à l'expansion infinie des côtés de chacun de ses cubes. Les dirigeants d'Urbicande s'empressent alors de construire un réseau artificiel, immobile parodie de l'organisme vivant tant redouté lors de sa traversée de la ville.

DROIT DE REGARDS, roman-photo (en collaboration avec Marie-Françoise Plissart, suivi d'une lecture de Jacques Derrida). Paris, éd. de Minuit, 1985.
Des corps qui s'enlacent, se séparent, se retrouvent, mais qui se trouvent autrement, dans des combinaisons et des décors sans cesse changeants, qu'on se rappelle déjà et que l'on finira par rejoindre. Des personnages, des décors, des accessoires, mais aussi les images de ces êtres et de ces objets, et les images de ces images dans une enfilade sans terme et sans direction univoque. Muet du début à la fin, ce roman-photo a aussi le pouvoir de produire dans l'esprit du lecteur des récits à perte de vue.

PRAGUE, UN MARIAGE BLANC, récit illustré (en collaboration avec Marie-Françoise Plissart). Paris, éd. Autrement, 1985.
Le compte rendu d'une visite à Prague se tisse intimement à l'évocation des événements révolutionnaires de 1948, qui virent l'avènement au pouvoir du PC tchécoslovaque. La relation et l'erance d'un écrivain, Pierre Lidiaux, se mêlent aux images de "la ville la plus photographiée du monde" (M.-F. Plissart). Cependant, comme l'affiche le sous-titre du livre, *Prague* est surtout le lieu d'un écart, d'une distance, d'abord entre le texte et l'image, mais aussi entre les strates du temps et de l'espace qui se parcourent jusqu'au vertige.

AUTOUR DU SCENARIO, livre collectif dirigé par Benoît Peeters. *Revue de l'Université de Bruxelles*, 1986-1/2.
Posant la question du scénario dans une grande diversité de pratiques, de la littérature à la publicité, du cinéma à la bande dessinée, ce recueil s'interroge essentiellement sur les rapports entre pratique et théorie. Comment envisager la spécificité de cette "pratique insituable" (B. Peeters) qu'est le scénario? Quelle place donner aux contraintes comme aux possibilités d'une phase d'élaboration destinée à effacer la trame qui lui sert d'origine? Contributions et interviews de: Sokal, A. Nysenholc, J.-M. Charlier, J. Aubenas, J.-Cl. Carrière, L. Dellisse, Lob et Forest, T. Groensteen, G. de Cortanze, R. Ruiz, D. Zlatoff, A. Robbe-Grillet, P. Hamel, J.-P. Berckmans, J. Meerstx, M.-F. Plissart, M. Vaughn-James, O. Tebar, M. Gauthier, J. Durançon, F. Kendall et B. Peeters.

LE MAUVAIS ŒIL, roman-photo (en collaboration avec Marie-Françoise Plissart). Paris, éd. de Minuit, 1986.

Un homme se souvient, à moins qu'il ne soit interrogé, mais par qui? Une série de personnages hauts en couleur défilent sur l'écran de sa mémoire, mais à la fin du livre on le retrouvera face à la toile vide d'un cinéma désaffecté. Plusieurs genres, plusieurs préoccupations s'entrechoquent dans cette histoire. La veine fantastique y est très reconnaissable, tout comme l'influence d'une certaine littérature policière et, peut-être, de la bande dessinée. La narration exploite à fond le système de ruptures et reprises emprunté au feuilleton, chaque épisode ayant son propre rythme, sa propre logique, son propre style.

L'ARCHIVISTE, récit illustré (en collaboration avec François Schuiten). Paris/Tournai, éd. Casterman, 1987.
Chargé d'un rapport sur d'étranges cas de superstition, un archiviste se persuade peu à peu de l'existence d'un monde parallèle: les Cités obscures. Hommage au Borgès de *Fictions*, cet album de grand format est aussi la première incursion de Schuiten et Peeters dans le genre du récit illustré.

L'IRRESISTIBLE BIBLIOGRAPHIE CRITIQUE ET POLISSONNE DE CARL-EMMANUEL DERAIN, ECRIVAIN DECEDE, PAR LUCIEN MARECHAL ET QUELQUES MAINS AMIES, roman (en collaboration avec Christian Rullier). Paris, éd. Aubépine, 1987.
Maître assistant à l'Université de Toulouse-le-Mirail, Lucien Maréchal voue son existence à la gloire de Carl-Emmanuel Derain, qu'il tient autant à commenter lui-même qu'à sauver des erreurs qu'ont mulipliées à son égard critiques et collègues plus ou moins distraits, plus ou moins malveillants, tous parfaitement ignares et incompétents. Grand redresseur de torts, il recense et glose librement toutes les publications concernant Derain qu'il a pu retrouver. C'est l'œuvre de sa vie, dont personne ne sortira indemne, ni ses adversaires, ni lui-même, ni Derain, ni enfin le lecteur à qui aucune bassesse ne sera épargnée.

LA TOUR, bande dessinée (en collaboration avec François Schuiten). Paris/Tournai, éd. Casterman, 1987.
Giovanni est le gardien d'une tour immense, sans limites connues, dont les autorités semblent avoir oublié jusqu'à l'existence. Quittant son poste un peu malgré lui, il sera entraîné dans une suite de montées et de descentes qui le projetteront à l'extérieur du monde qu'il croyait être le sien. Avec *La Tour*, les *Cités obscures* s'ouvrent à la fantaisie et à l'humour, sans oublier l'érudition, mélangeant allègrement les styles et les époques, découvrant le réel pour mieux le confondre avec la fiction.

ERGUN MORT OU VIF, bande dessinée (en collaboration avec Patrick Deubelbeiss). Paris/Tournai, éd. Casterman, 1987.

LES JEUX SONT FAITS, bande dessinée (en collaboration avec Patrick Deubelbeiss). Paris/Tournai, éd. Casterman, 1988.
Cet ouvrage et le précédent constituent une "reprise" assez peu convaincante

d'un personnage créé par le dessinateur Didier Comès. Il s'agit de l'unique incursion de Peeters dans la science-fiction traditionnelle.

LA ROUTE D'ARMILIA, récit illustré et bande dessinée (en collaboration avec François Schuiten). Paris/Tournai, éd. Casterman, 1988. Réédition transformée en 1990.
Le tour du monde par deux enfants? Sans doute, à conditon de préciser que la géographie des *Cités obscures* réserve bien des particularités, que toute coïncidence avec d'autres planètes comporte une bonne dose de hasard et qu'à aucun moment, enfin, on ne doit perdre de vue que l'on voyage dans un livre: tandis que dans la cité industrielle de Mylos, la lecture est frappée d'interdit, la clé de l'énigme que doit résoudre le jeune protagoniste, impénitent rêveur qui s'évade par les livres, n'est pas sans rapport avec les formules de Raymond Roussel.

PLAGIAT !, bande dessinée (en collaboration avec François Schuiten et Alain Goffin). Paris, éd. Les Humanoïdes Associés, 1989.
Au sommet de sa gloire, Chris Van Meer, jeune peintre belge, est accusé de plagiat par Tommy Crane, artiste américain vivant loin de tout tapage médiatique. Déconsidéré par les spécialistes, conspué par le public, abandonné par ses proches, Van Meer connaîtra la déchéance la plus absolue, jusqu'à ce qu'il décide d'inverser les rôles et de se faire passer pour celui-là même par lequel il se sent spolié: Tommy Crane. Redécouvert et fêté par les médias, Van Meer sera assassiné sur un plateau de télévision, probablement par Crane. Celui-ci, cependant, n'arrivant pas à assumer sa véritable personnalité, sombrera petit à petit dans la folie.

PAUL VALERY, UNE VIE D'ECRIVAIN ?, essai biographique. Paris, éd. Les Impressions Nouvelles, 1989.
L'objet de ce livre, qui est aussi la première biographie de Paul Valéry, n'est pas tout simplement la *vie* de l'auteur, quand bien même Benoît Peeters s'appuie ici sur une documentation extrêmement fouillée et souvent inconnue du public même spécialisé. L'existence de Paul Valéry est au contraire relue dans ses rapports avec la littérature, de sorte qu'émerge une vie *d'écrivain*. Vie particulière, dans la mesure où le grand auteur, dans l'analyse de Benoît Peeters, apparaît surtout comme le prototype de l'écrivain sans œuvre, s'abandonnant après les textes de jeunesse aux travaux littéraires les plus hétérogènes comme pour mieux se dérober à la question et, peut-être, à l'impossibilité de l'écriture.

LE TRANSPATAGONIEN, bande dessinée et récits illustrés (en collaboration avec Raoul Ruiz et Patrick Deubelbeiss). Paris/Tournai, éd. Casterman, 1989.
Dans le "train des conteurs", des voyageurs se livrent au concours du meilleur récit. A tour de rôle, chacun d'eux tente de divertir ou d'effrayer ses compagnons. Peu à peu, toutefois, les narrations qui d'abord simplement s'enchaînent, se trouvent prises dans une composition d'ensemble vertigineuse qui fera passer le lecteur de l'idylle au cauchemar, des mots aux images, du texte au paysage, et inversement.

LE MUSEE A. DESOMBRES, dramatique sonore et récit illustré (en collaboration avec François Schuiten, F. Young, T. Génicot et Marie-Françoise Plissart). Paris/Tournai, éd. Casterman, 1990.
Un commissaire-priseur hollandais s'égare dans un musée perdu, consacré à un peintre pompier. Il passe de l'autre côté des toiles, dans le monde des Cités obscures. Il tombe amoureux d'une jeune femme qu'il ne pourra entrevoir qu'un instant, à la lueur d'un flash, au moment même où il la perd. Ce récit sonore est complété par un "catalogue raisonné des œuvres et des biens ayant appartenu à Augustin Desombres".

LE SIGNE DE LUCIFER, récit illustré (en collaboration avec Alain Goffin). Paris, Nathan, 1990.
Bruxelles, 1958. A l'occasion de l'Exposition universelle et sur fond de grandes manœuvres immobilières, le jeune héros de ce livre pour adolescents découvre d'étranges agissements dans une bâtisse abandonnée. L'histoire, certes, est policière, mais c'est surtout à d'autres questions qu'elle suggère quelques réponses: comment déchiffrer les signes, comment mettre en rapport les mots et les choses, comment résoudre l'énigme que formulent, au-delà de l'intrigue, ces textes et images?

DOLORES, bande dessinée (en collaboration avec François Schuiten et Anne Baltus). Paris/Tournai, éd. Casterman, 1991.
Un constructeur de maquettes est invité par une diva du cinéma et entreprend chez elle la réalisation d'un modèle réduit parfait de la villa qu'elle habite. L'homme est obstiné. Il est aussi amoureux, à tel point qu'il finira par dévorer la vie de cette femme, non pas, comme on le croit d'abord, par magie ou manipulation, mais par le recours rigoureux au principe de base de toute œuvre cinématographique: l'invitation à confondre le modèle et son image.

CASE, PLANCHE, RECIT; COMMENT LIRE UNE BANDE DESSINEE, essai. Paris/Tournai, éd. Casterman, 1991.
Dans cet ouvrage de synthèse, devenu entretemps un véritable livre de référence, Benoît Peeters décrit avec minutie les traits spécifiques de toute bande dessinée. Le volume comprend entre autres la version définitive du célèbre article "Les aventures de la planche". Il traite aussi un certain nombre de questions à peine abordées par les autres théoriciens de la bande dessinée, comme par exemple le problème de l'écriture en collaboration.

STORYBOARD, LE CINEMA DESSINE, livre collectif dirigé par Benoît Peeters, Jacques Faton et Philippe de Pierpont. Crisnée, éd. Yellow Now, 1992.
Prolongement et approfondissement du volume sur le scénario, ce livre est sans doute le premier à aborder le storyboard dans une perspective à la fois théorique et pratique. Les interviews avec les metteurs en scène (Terry Gilliam, Peter Greenaway, Norbert Iborra, Otar Iosseliani, Aline Isserman, Lam Le, Harold Michelson, Fredi M. Murer, Raoul Ruiz, Carlos Saura, François Schuiten et Raoul Servais) et les essais des théoriciens (B. Peeters,

J. Faton, Ph. de Pierpont, T. Groensteen) constituent un ensemble très homogène, que complète utilement une excellente iconographie couvrant toute l'histoire du cinéma.

BRüSEL, bande dessinée (en collaboration avec François Schuiten). Paris/Tournai, éd. Casterman, 1992.
Le 7ème tome des *Cités obscures* permet de comprendre pourquoi les Belges nomment "bruxellisation" la destruction méthodique, au nom de la déesse modernité, du patrimoine culturel et urbanistique d'une ville. Brüsel, pourtant, n'est pas tout à fait Bruxelles, le témoignage de *Brüsel* étant une fable universelle. Si avec ce volume, la série des *Cités obscures* se rapproche du présent, elle inaugure surtout un ton pamphlétaire et des contenus directement politiques.

LE THEOREME DE MORCOM, bande dessinée (en collaboration avec Alain Goffin). Paris, éd. Les Humanoïdes Associés, 1992.
Cet album ambitieux à plus d'un égard rompt explicitement avec les contenus stéréotypés de la bande dessinée. Il retrace en effet l'itinéraire complexe -intellectuel, psychologique, sentimental- de l'inventeur de l'ordinateur moderne, Julius Morcom, inspiré du savant Alan Turing. En même temps, il évoque aussi la communauté scientifique du Cambridge des années 30 et 40 et les préjugés tenaces dont étaient victimes les homosexuels.

HITCHCOCK, LE TRAVAIL DU FILM, essai. Paris, éd. Les Impressions Nouvelles, 1993.
L'essai sur Hitchcock est pour Benoît Peeters l'occasion de faire le point sur un certain nombre de films culte, relus dans une perspective résolument moderniste, et de poursuivre la réflexion sur la question du récit, qui est chez lui toujours fondamentale. Montrant que le cinéma d'Hitchcock renvoie systématiquement aux procédures formelles dont il dérive, Benoît Peeters se penche aussi sur la présentation retorse de ce matériau au spectateur, complice et piégé en même temps.

SOUVENIRS DE L'ETERNEL PRESENT, récit illustré (en collaboration avec François Schuiten). Zelhem, éd. Arboris, 1993.
En marge du long métrage de Raoul Servais, *Taxandria* (1994), dont les décors sont dûs à François Schuiten, voici une fantaisie sur le pays où le temps a été interdit. Comme souvent dans des cas pareils, c'est à un enfant qu'il incombe de briser l'ensorcellement. Très proche des livres d'illustration d'antan par le style des dessins et le travail sur le support, le volume illustre bien les multiples manières dont peuvent se croiser l'esthétique des *Cités obscures* et celle de projets narratifs tout différents.

LOVE HOTEL, bande dessinée (en collaboration avec Frédéric Boilet). Paris/Tournai, éd. Casterman, 1993.
Sous prétexte d'une mission au Japon pour le Ministère de la jeunesse et des sports, un jeune Français va retrouver une écolière nipponne dont il se croit

amoureux et qu'il croit amoureuse de lui. Son périple à travers le Japon débouchera sur un grotesque échec sentimental et lui permettra surtout de prendre conscience de l'abîme qui sépare les cultures. Cet album, très différent du ton et du style des *Cités obscures*, constitue à bien des égards la mise en pratique des thèses défendues dans l'essai *La Bande dessinée*, qui paraîtra quelques mois plus tard.

AUJOURD'HUI, suite photographique (en collaboration avec Marie-Françoise Plissart et Virginie Jortay). Zelhem, éd. Arboris, 1993.
Quatre personnages sont invités à passer l'été dans une villa du littoral breton. Malgré l'absence de l'hôte, ils décident de rester sur place, dans la maison mise à leur disposition. Des relations timidement se nouent, des distances aussi s'intallent, jusqu'au départ à la fin de l'été. Photographiée comme une chorégraphie souple et imprévisible, cette narration muette construit un espace visuel à lire et à relire dans tous les sens.

L'ECHO DES CITES, récit illustré (en collaboration avec François Schuiten). Paris/Tournai, éd. Casterman, 1993.
A travers l'histoire d'un journal fictif, Schuiten et Peeters arpentent de nouveau l'espace-temps mobile et insaisissable des *Cités obscures*. Mais l'enjeu principal du volume est à coup sûr l'histoire de la presse illustrée même, qui se voit traitée sur le mode des arts poétiques. Comme eux, cet ouvrage fait ce qu'il dit et dit ce qu'il fait, puisque chacune des livraisons apocryphes de *L'Echo des Cités* réinvente matériellement les phases successives de la publication imaginaire, de son âge d'or à son déclin final, suite à la concurrence de la photographie.

LA BANDE DESSINEE, essai. Paris, Flammarion, collection "Dominos", 1993.
A la fois introduction au langage spécifique de la bande dessinée et aux formes très variées adoptées par ce genre depuis sa naissance à la fin du siècle dernier, cette étude s'intéresse aussi à la crise sévissant actuellement dans le monde de la BD. Benoît Peeters en donne un précis diagnostic, avant de défendre quelques mesures à prendre de toute urgence pour lutter contre le déclin de cet art encore très jeune.

TÖPFFER, L'INVENTION DE LA BANDE DESSINEE (textes réunis et présentés par Benoît Peeters et Thierry Groensteen). Paris, éd. Hermann, collection "Savoir sur l'art", 1994.
Consacré à l'œuvre de Rodolphe Töpffer (1799-1846), ce livre se divise en trois parties de longueur plus ou moins égale. La contribution de Benoît Peeters, "Le visage et la ligne: zigzags töpfferiens", constitue une pièce essentielle dans la discussion sur la sémiotique du visage dans différents genres visuels. L'étude de Thierry Groensteen, "La naissance d'un art", s'attache à replacer la figure de Töpffer dans l'histoire de la bande dessinée. La troisième partie propose une anthologie des écrits de Töpffer. On y trouvera entre autres l'important *Essai de physiognomonie* (1845).

LES METAMORPHOSES DE NADAR, essai biographique. Auby-sur-Semois, éd. Marot, 1994.
Catalogue très richement illustré d'une grande exposition présentée à Bruxelles fin 1994, ce livre révèle un Nadar éminemment polymorphe. Romancier, photographe, caricaturiste, inventeur, aérostatier, théoricien de l'avion, rêveur et révolutionnaire, Gaspard-Félix Tournachon, dit Nadar, apparaît ici comme le représentant par excellence d'une époque qu'on redécouvre avec lui et comme un précurseur du "multimédia".

2 a. PUBLICATIONS DE BENOIT PEETERS EN REVUE

1975 :
"Puissances" (nouvelle), *Minuit*, n° 15, septembre 1975.
"Claude Simon dément" (lettre), *L'Express*, septembre 1975.

1977 :
"Correspondance I" (textes brefs et photographies de Marie-Françoise Plissart), *Minuit*, n° 24, avril 1977.
"Entretien avec Hergé" (en collaboration avec Patrice Hamel), *Minuit*, n° 25, septembre 1977.

1978 :
"Le Petit Vingtième ou Tintin et son siècle", *La Revue nouvelle*, septembre 1978.

1979 :
"Cent mille milliards de romans" (à propos de *La Vie mode d'emploi* de Georges Perec), *La Revue nouvelle*, février 1979.
"Agatha Christie et les lois du texte", *La Revue nouvelle*, avril 1979.
"La fabrication des héros", *Le 9ème Rêve*, n°3, novembre 1979.

1980 :
"Oreilles cassées", *La Revue nouvelle,* janvier 1980.
"Volkoff, des retournements en série" (à propos de *Le Retournement*), *La revue nouvelle*, janvier 1980.
"La chambre claire" (à propos de l'essai de Roland Barthes), *La Relève,* mars 1980.
"Rapport sur les faits et gestes du dénommé Jean Walter" (roman-photo, en collaboration avec Marie-Françoise Plissart), *Papyrus*, n°2, avril 1980.
"Contrepoint" (nouvelle), *Revue de l'Université de Bruxelles*, décembre 1980.

1981 :
"L'œuvre d'une vie" (nouvelle), *Le Soir*, 8 mai 1981.
"Itinéraires" (roman-photo, en collaboration avec Marie-Françoise Plissart), *Voyelles*, n°21, juillet-août 1981.
"Promenade à travers le discours hitchcockien", *Caméra/Stylo*, n° 2, novembre 1981.
"Correspondance jour après jour" (à propos du livre *Correspondance*), *La Chronique des écrits en cours*, n° 2, décembre 1981.

1982 :
"Le mixte" (à propos du livre *Le théâtre des métamorphoses* de Jean Ricardou), *Pour*, 11-18 mars 1982.
"Agatha Christie, une écriture de la lecture", in *Problèmes actuels de la lec-*

ture, Paris, Editions Clancier-Guénaud, 1982.

"Jeanne Dielman : le manque et le supplément" (à propos de Chantal Akerman), *Atelier des Arts*, cahier n° 1, 1982.

"Les Murailles de Samaris", in *(A suivre)*, n° 53 à 56, juin à septembre 1982.

"Le réel comme conséquence" (à propos de Hergé, Christie, Ambler), *Le Promeneur IX*, mi-juin 1982.

"Anvers quai 117" (roman-photo, en collaboration avec François Rivière et Marie-Françoise Plissart), *Spirou album*, septembre 1982.

"Une pratique insituable : le scénario", *Affaires de style*, n° 1, novembre 1982.

"La politique des hauteurs", *Vidéodoc*, n° 56, novembre 1982.

1983 :

"Les remords" (nouvelle), *Impressions*, n° 0, 12 janvier 1983.

"Le sexe des boy-scouts" (à propos d'Hergé), *Libération*, 5 mars 1983.

"Hergé, romancier de l'image", *Le Soir*, 8 mars 1983.

"Brighton" (roman-photo, en collaboration avec Marie-Françoise Plissart), *Affaires de style*, n°3, juin 1983.

"Erratum" (nouvelle, en collaboration avec Christian Rullier), *Affaires de style*, n° 3, juin 1983.

"Les aventures de la page" (à propos de la bande dessinée), *Conséquences*, n°1, automne 1983.

"Le théâtre de l'architecture" (en collaboration avec François Schuiten), *(A suivre)*, n° 68, septembre 1983.

"La fièvre d'Urbicande", in *(A suivre)*, n° 68 à 73, septembre 1983 à février 1984.

1984 :

"Préface", in *L'alphabet des désirs* de Christian Rullier, Paris, Editions Buchet-Chastel, 1984.

"Vers la cuisine pure" (à propos du restaurant Apicius), *Conséquences*, n° 2, hiver 1984.

"Hergé/Jacobs", in *Tintins*, Trois Cailloux, Maison de la Culture d'Amiens, février 1984.

"Une exploration interrompue" (à propos de Régis Franc), *Les Cahiers de la bande dessinée*, n° 57, avril-mai 1984.

"Introduction" aux *Nouvelles* d'Henry James (en collaboration avec Michel Gauthier) suivie de la traduction des mêmes nouvelles en collaboration avec John Lee et Michel Gauthier, Paris, Editions de l'Equinoxe, 1984.

"L'activité hitchcockienne I", *Conséquences*, n°3, printemps-été 1984.

"L'activité hitchcockienne II", *Conséquences*, n°4, automne 1984.

"L'audacieux pari de Tommy Crane" (attribué à Robert-Louis Stevenson, écrit en collaboration avec Michel Gauthier), *Conséquences*, n° 4, automne 1984.

"Des points blancs sur la page" (à propos de "Robert-Louis Stevenson"), en collaboration avec Michel Gauthier, *Conséquences*, n°4, automne 1984.

"Nouvelle défense du roman d'énigme" (préface au livre de Luc Dellisse, *Le*

Policier fantôme), Bruxelles, Editions Pêle-mêle, 1984.
"L'enquêteur" (à propos de Martin Vaughn-James), *Les Cahiers de la bande dessinée*, n° 59, septembre 1984.

1985 :
"Fantasmes urbanistiques", *(A suivre) hors série : architectures de bande dessinée*, janvier 1985.
"Utopies" (bande dessinée, en collaboration avec François Schuiten), *(A suivre) hors série : architectures de bande dessinée*, janvier 1985.
Le Mystère d'Urbicande, par R. de Brok (en collaboration avec François Schuiten et Thierry Smolderen), Bruxelles, Ed. Schlirf Book, 1985.
"La fièvre de Brazil" (à propos du film de Terry Gilliam), *Le Matin*, 2 mars 1985.
L'Œuvre intégrale d'Hergé, textes d'introduction et direction d'édition, 12 volumes, Paris, Rombaldi, 1985-1987.
"Un canard à l'orange", *Conséquences*, n° 6, été 1985.
"Une case mémorable", *Les Cahiers de la bande dessinée*, n° 65, septembre-octobre 1985.
"Echafaudages", *Cahiers Georges Perec*, n°1, Editions P.O.L, 1985.
"Tintin et le secret de Polichinelle" (à propos du livre de Serge Tisseron, *Tintin chez le psychanalyste*), *(A suivre)*, n° 95.

1986 :
"Un rendez-vous décisif" (à propos de Floc'h et Rivière), *Les Cahiers de la bande dessinée*, n° 68, mars-avril 1986.
"Atelier de scénarisation", in *Actes du premier colloque de bande dessinée de Montréal*, Montréal, Editions Analogon, 1986.
"La Tour", in *(A suivre)*, n° 95 à 102, décembre 1986 à juillet 1987.
"La Cage", quatrième de couverture du livre de Martin Vaughn-James, Paris, Les Impressions Nouvelles, 1986.
"Auf der Suche nach dem Foto-Roman", *Fotogeschichte*, Heft 20, 1986.
"Terug naar Samaris", postface pour *De Muren van Samaris*, Casterman, 1986 (repris dans la réédition 88 des *Murailles de Samaris*).
"Fast pictures", *Le Journal des Beaux-Arts*, n°1, septembre 1986.

1987 :
Tintin et l'Alph-Art, texte d'introduction, Paris, Rombaldi, 1987.
L'Univers d'Hergé, textes d'introduction et direction d'édition, 7 volumes, Paris, Rombaldi, 1987-1989.
"L'étrange cas du docteur Abraham", bande dessinée (en collaboration avec François Schuiten), *(A suivre)*, n° 110, février 1987.
"Hergé et Jacobs, complicité de solitaires", in *Libération*, 21-22 février 1987.
"Une vie d'écrivain ? " in *Valéry, pour quoi ?*, Paris, Les Impressions Nouvelles, 1987.
A la recherche du roman-photo, catalogue d'exposition (en collaboration avec Marie-Françoise Plissart), Paris, Les impressions nouvelles-Associations, 1987.

"Duel" (roman-photo, en collaboration avec Marie-Françoise Plissart), *Perspektief*, novembre 1987.

1988 :
L'Enfant de Phoebus, livret pour une statuette (en collaboration avec François Schuiten), galerie Escale, Paris.
Encyclopédie des transports présents et à venir, par Axel Wappendorf (en collaboration avec François Schuiten), plaquette à tirage limité, Paris-Tournai, Casterman, 1988.
Le Temple du soleil, version originale, texte d'introduction, Paris-Tournai, Casterman, 1988.
"L'écriture de l'autre" (communication au colloque bande dessinée de Cerisy), *Les Cahiers de la bande dessinée*, n° 81, juin 1988.
"Construire l'instant" (entretien avec Hubertus von Amelunxen, en collaboration avec Marie-Françoise Plissart), *Revue des Sciences humaines*, n° 210 : *Photolittérature*, 1988-2.
"Comment peut-on être peintre ?", in *Catalogue Jean Le Gac*, Galerie Isy Brachot, Bruxelles.
"Des Magasins Waucquez au Centre belge de la bande dessinée", Calendrier De Schutter 1989, Anvers.

1989 :
Hergé dessinateur, catalogue d'exposition, (en collaboration avec Pierre Sterckx), Paris-Tournai, Casterman, 1989.
"On vole un fétiche" (en collaboration avec Alain Goffin), *Tintin reporter*, n°4, 6 janvier 1989.
"La Cité des ombres" (extraits du storyboard, en collaboration avec François Schuiten) in *1936, Dernières Nouvelles*, Bruxelles, 1989.
"Le passage (premier fragment, L'Elysée)" (en collaboration avec François Schuiten), *(A suivre)*, n° 133, février 1989.
"Vie et mort de la ligne claire" (à propos de l'exposition *Hergé dessinateur*), dans le magazine du Salon International d'Angoulême 1989. Repris sous une forme abrégée dans *(A suivre)*, n° 135, avril 1989.
"Le passage (deuxième fragment, Le Louvre)" (en collaboration avec François Schuiten), *(A suivre)*, n° 135, avril 1989.
"Winsor Mc Cay invente la BD", *(A suivre)*, n° 137, juin 1989.
"Le passage (troisième fragment, L'Opéra)" (en collaboration avec François Schuiten), *(A suivre)*, n° 138, juillet 1989.
"Mystérieux retour du capitaine Nemo" (premier volet de *L'Echo des Cités*, en collaboration avec François Schuiten), *Urbanismes,* novembre 1989.
"Les oubliés de Blossfeldtstad" (en collaboration avec François Schuiten), *Urbanismes*, décembre 1989.

1990 :
"Un inventeur du dimanche", in *Winsor Mc Cay au pays de Little Nemo*, Editions Milan, 1990.
"La légende du Réseau", postface à la réédition de *La Fièvre d'Urbicande*,

collection "Bibliothèque", Paris-Tournai, Casterman, 1990.

L'Echo des Cités, chronique mensuelle dans *Urbanismes* (en collaboration avec François Schuiten). Série reprise à partir de 1991 dans *Hochparterre*.

Adaptation française de *L'expulsion des Maures* de Raoul Ruiz, Paris, Editions Dis Voir, 1990.

"L'image au poste de commande" (entretien sur le storyboard), *CinémAction, Cinéma et bande dessinée*, hors série, été 1990.

"Entretien avec Roland Castro", in *Connaissance des Arts*, juin 1990.

"Entretien" par Luc Pomerleau in *Solaris*, novembre-décembre 1990.

1991 :

"L'Echo des Cités" (en collaboration avec François Schuiten), in *(A Suivre)*, n° 158, mars 1991.

"Brüsel" (en collaboration avec François Schuiten), in *(A Suivre)*, n° 158 à 160, mars à mai 1991.

"Le Petit Journal du Musée des Ombres" (en collaboration avec François Schuiten, à l'occasion de la présentation de l'exposition à Bruxelles) *Un soir au Musée des Ombres* (en collaboration avec François Schuiten), plaquette à tirage limité éditée par la C.G.E.R. à l'occasion de l'exposition, Bruxelles, 1991.

"Petit Guide des *Cités obscures*" (en collaboration avec François Schuiten), première partie in *Les Saisons, n° 1*.

"Petit Guide des *Cités obscures*" (en collaboration avec François Schuiten), seconde partie in *Les Saisons, n° 2*.

"L'Echo des Cités" (en collaboration avec François Schuiten), in *(A suivre)*, n° 167, décembre 1991.

1992 :

"L'Echo des Cités" (en collaboration avec François Schuiten), in *(A Suivre)*, n° 171, avril 1992.

"Brüsel" (en collaboration avec François Schuiten), in *(A Suivre)*, n° 171 à 173, avril à juin 1992.

"De la planche originale à l'imprimé : allers-retours", in *Tintin, patrimoine des imaginaires*, I.E.S.A.

"Willy Slawinski of de absolute keuken", *De Standaard*, 30 mai 1992.

"Love Hotel" (en collaboration avec Frédéric Boilet), in *(A suivre)*, n° 173 à 177, juin à octobre 1992.

"Bruxelles, ne deviens pas Brüsel !", *(A suivre)*, n° 176, septembre 1992.

1993 :

"Ecrire l'image. Scénario et récit en bande dessinée", in *L'Histoire... par la bande*, ouvrage dirigé par Odette Mitterrand et Gilles Ciment, Paris, Syros, 1993.

"Vida y muerte de la linea clara", in *Made in Tintin*, Barcelone, Biblioteca Nacional/AURA, 1993.

1994 :

"L'enfant penchée" (en collaboration avec François Schuiten), *(A suivre),* n°193, février 1994, et suivants. Publication toujours en cours.

"Calypso" (en collaboration avec Anne Baltus), *(A suivre)*, n° 195-197, avril-juin 1994.

"Hergé, une longue route vers le Tibet", in *Au Tibet avec Tintin*, Paris-Tournai, Casterman, 1994.

"Cendres" (d'après des photos de Marie-Françoise Plissart), *Archipel*, n° 9.

Arts et Métiers, direction Mairie des Lilas, plaquette hors-commerce, Paris, 1994.

"Le fugitif" (en collaboration avec François Schuiten, *Macadam 19 Plus,* décembre 1994.

2 b. AUTRES REALISATIONS DE BENOIT PEETERS

EXPOSITIONS

A la recherche du roman-photo (en collaboration avec Marie-Françoise Plissart), Bruxelles, Palais des Beaux-Arts, 1987.

Hergé dessinateur (en collaboration avec Pierre Sterckx), Bruxelles, Musée d'Ixelles, 1988; Angoulême, Musée des Beaux-Arts, 1989; Paris, Bibliothèque Forney, 1989; Londres, Chelsea Old Town Hall, 1989; Hambourg, Musée d'art moderne, 1990.

Le Musée des Ombres (en collaboration avec François Schuiten), Angoulême, Centre National de la bande dessinée et de l'image, 1990; Sierre, Festival de la bande dessinée, 1990; Bruxelles, Palais des Congrès, 1991; Paris, Grande Halle de la Villette, 1991-1992.

Le Passage inconnu (en collaboration avec François Schuiten et Bleu Méthylène), Bruxelles, métro Porte de Hal, novembre 1993; Erlangen, Palais Stuttenheim, juin 1994.

Au Tibet avec Tintin (en collaboration avec Pierre Sterckx), Bruxelles, Musées Royaux d'Art et d'Histoire, juin-août 1994; Paris, Grande Arche de la Défense, octobre 1994-février 1995.

Les Métamorphoses de Nadar (en collaboration avec François Schuiten), Bruxelles, Le Botanique, septembre 1994-janvier 1995.

REALISATIONS AUDIOVISUELLES

Le Compte rendu, scénario et réalisation d'un court-métrage 35 mm noir et blanc, 1986.

La Chouette aveugle, scénario (en collaboration avec Raoul Ruiz) d'un long-métrage 16 mm couleurs, 1988.

Monsieur Hergé, scénario (en collaboration avec Pierre Sterckx) et réalisation d'une vidéo de 50', 1989.

La Découverte inattendue, scénario et réalisation (en collaboration avec François Schuiten) d'un film d'animation de 6', 1991.

Servaisgraphia, scénario et réalisation (en collaboration avec Pierre Drouot) d'un court métrage 35 mm couleurs de 15', 1992.

Les Quarxs, textes pour une série de courtes fictions en images de synthèse haute définition, 1993.

Le Dossier B., scénario (en collaboration avec François Schuiten et Wilbur Leguebe) d'un film 35 mm de 50', 1995.

Le Pari Lumière-Méliès, scénario d'un long-métrage 35 mm couleurs (en collaboration avec Raoul Ruiz). En préparation.

La Ride, scénario et réalisation d'un long-métrage 35 mm couleurs (en collaboration avec François Schuiten et Pierre Drouot). En préparation.

3. ETUDES SUR BENOIT PEETERS (sélection)

Hubertus von AMELUNXEN, "Construire l'instant (entretien avec Benoît Peeters et Marie-Françoise Plissart", in *Revue des sciences humaines*, n° 210, 1988, p. 77-82.

Jan BAETENS, *Du roman-photo*, Paris et Mannheim, Les impressions nouvelles et Medusa Medias, 1993 (nombreuses analyses des romans-photos de Peeters-Plissart).

—, "Littérature expérimentale: les années 80", in Frank Baert et Dominique Viart (éd.), *Approches de la littérature française*, Leuven, PU Louvain, 1993, p. 141-152 (à propos des liens entre Peeters et la modernité).

Jan BAETENS et Jan FLAMEND, "Entretien avec Benoît Peeters et Marie-Françoise Plissart", in Benoît Peeters et Marie-Françoise Plissart, *A la Recherche du roman-photo*, 1987, o.c.

Claude-Françoise BRUNON, "Les dames des Cités", in Michel Jans et Jean-François Douvry, *Schuiten & Peeters. Autour des Cités obscures*, o.c., p. 137-144.

Jean-Christophe CAMBIER, "Lectures pour tous", in *Critique* vol. XXXIII, 1977, p. 620-629.

Christian CAUJOLLE, "La photo au roman: tu veux ou tu veux pas?", in *Libération*, 6 avril 1983 (au sujet de *Fugues*).

Annie COMBES, *Agatha Christie, l'écriture du crime*, Paris, Les Impressions Nouvelles, 1989 (contient une belle analyse intertextuelle de *La Bibliothèque de Villers*).

Coosje COUPRIE, "Spelen met licht en donker", in *Tijdschrift voor Vrouwenstudies*, 1986-3 (au sujet de *Droit de regards*).

Laurent DANON-BOILEAU, "Les Murailles de Samaris", in *Lu*, juillet 1986.

Anne DELAITE, "Dans les coulisses des *Cités obscures* (interview avec François Schuiten et Benoît Peeters), in *Le Journal de Genève*, 12 juin 1990.

Luc DELLISSE, "Les scénaristes qui montent: Benoît Peeters", in *L'Année de la BD 1985-1986*, Grenoble, Glénat, 1986.

Jacques DERRIDA, "Lecture", in Benoît Peeters et Marie-Françoise Plissart, *Droit de regards*, o.c., p. I-XXXIII.

Mony ELKAIM, "L'univers des *Cités obscures*, miroir de nos interrogations fondamentales", in Michel Jans et Jean-François Douvry, *Schuiten & Peeters. Autour des Cités obscures*, o.c., p. 127-136.

Xavier de FOUCHECOUR, "Un art de l'inachèvement (entretien avec Benoît Peeters)", in *(A Suivre)*, n° 101, juin 1986.

— "Interview avec François Schuiten et Benoît Peeters", in *Lire*, avril 1987.

Danièle GILLEMON, "Plissart, Peeters et les vérités voilées de Prague", in *Le Soir*, 7 novembre 1985.

Thierry GROENSTEEN (éd.), numéro spécial des *Cahiers de la bande dessinée*, n° 56, février-mars 1984.

— , "Benoît Peeters ou le récit dans tous ses états", in *Les Cahiers de la bande dessinée*, n° 56, o.c.

—, "La légende des Cités", in Michel Jans et Jean-François Douvry, *Schuiten & Peeters. Autour des Cités obscures*, o.c., p. 151-170.

E. HAMEL et I. DAVUNT, "Correspondance", in *Misset Photo Magazine*, mai 1981.

Ariel HERBEZ, "Vertiges à Sierrapolis", in *L'Illustré*, 13 juin 1990 (au sujet des *Cités obscures*).

Aaron KIBEDI VARGA, "Le photo-roman et l'avant-garde", in *Rapports. Het Franse boek*, LV, 1985 (à propos de Peeters/Plissart et d'Hervé Guibert).

Michel JANS et Jean-François DOUVRY (éd.), *Schuiten & Peeters. Autour des Cités obscures*, Grenoble, éd. Dauphylactère (numéro spécial, 28-29, de la revue *Bulles Dingues*), 1994.

Michel JARRETY, "Benoît Peeters: *Paul Valéry, une vie d'écrivain*", in *NRF*, septembre 1989.

Gabrielle LEFEVRE et Michel PACQUOT, "Réhabilitation d'un art non autorisé (entretien avec Benoît Peeters)", in *La Cité*, 10 octobre 1991 (au sujet de *Case, planche, récit*).

Philippe MARION, "Benoît Peeters: un scénariste bien dans ses planches", in *La Cité*, 20-26 avril 1986

Francis MATTHYS, "Benoît Peeters passe de Hergé à Paul Valéry", in *La Libre Belgique*, 25 mai 1989.

Joëlle MEERSTX et Marie-Françoise PLISSART, "Préludes", in Benoît Peeters (éd.), *Autour du scénario*, o.c. (au sujet de *Fugues*).

Gilles PELLERIN, "Le crime était littéraire (entretien avec Benoît Peeters)", in *Nuit blanche*, n° 21, décembre 1985-janvier 1986.

Jean-Claude RAILLON, "Le Mauvais œil", in *Le Drapeau rouge*, 29 octobre 1986.

—, "Le texte, grosso modo", in *Conséquences*, n° 6, 1986, p. 5-25 (à propos de *La Bibliothèque de Villers*).

—, "L'intelligence iconoclaste de ces images", in *Le Drapeau rouge*, 17 juin 1987.

Jean RICARDOU, "Une nouvelle génération (Renaud Camus et Benoît Peeters)", in *Le Monde*, vendredi 22 août 1980.

—, "Nouvelles aventures du triangle", in *Conséquences*, n° 1, 1983 (à propos de *Fugues*).

François RIVIERE, "Benoît Peeters et Jean Lahougue: deux fous d'Agatha", in *Les Nouvelles littéraires*, 3-10 avril 1980.

Pascal SAC, "Des Cités de papier (interview sur *Brüsel* avec Benoît Peeters et François Schuiten)", in *L'événement immobilier*, n° 62, janvier 1992.

Jacques SAMSON, "Le faux et le vrai", in *Spirale*, octobre 1989.

Catherine SAOUTER-CAYA, "Entrevue avec Benoît Peeters", in *Imagine*, n° 31, 1985.

Pierre STERCKX, "Sur l'étoile ou dans la tour (Moebius/Schuiten)", in *Cahiers de la bande dessinée*, n° 79, 1988.

Jean-Marc TERRASSE, "Drôle de genre (entretien avec Marie-Françoise Plissart sur *Droit de regards*)", in *(A Suivre)*, n° 87, avril 1985.

Anita VAN BELLE, *Comment écrivent-ils? Vingt-cinq écrivains belges* (textes d'Anita van Belle, photographies de Marie Mandy), Bruxelles, éd. Mandibel, 1983.

Jean-Didier WAGNEUR, "Toute la lumière sur Desombres", in *Libération*, 25 janvier 1990.